Wien

W0217536

Jawohl, Wien ist nach wie vor Welthauptstadt der Musik, seine kulturelle Vielfalt immens, das imperiale Erbe, was die Architektur betrifft, wie eh und je atemberaubend. Man flaniere nur etwa über die festlich beleuchtete Ringstraße oder von der Hofburg über Kohlmarkt und Graben zum Stephansdom. Auch die Cafés, Beisln und Buschenschenken, all diese für das kollektive Seelenheil offenbar unentbehrlichen gastronomischen Institutionen, erfreuen sich bei Einheimischen und Gästen ungebrochener Beliebtheit.

In gewissem Sinn scheint der Geist der Monarchie immer noch über der erstaunlich unversehrten historischen Stadtsilhouette aus Schindeldächern und Kirchtürmen zu schweben. Zumindest, was das Bedürfnis der alteingesessenen Wiener nach Autoritäten angeht, die für sie Entscheidungen treffen, was ihre Titelsucht, ihre Scheu vor offen ausgetragenen Konflikten oder die Weichheit und Unverbindlichkeit ihrer Sprache betrifft.
Und doch – parallel zu diesem angenehm unzeitgemäßen, schlagoberverbrämten Wien existiert eine Art Gegenstadt: eine hochmoderne, dynamische Metropole, in Ausdehnung und Einwohnerschaft expandierend, ihr Antlitz vielerorts ins Schicke, ja Mondäne verändernd. Ein Wirtschaftsstandort, spät aber doch den aktuellen Erfordernissen der Liberalisierung und Internationalisierung nachkommend, dementsprechend pulsierend, viel frequentiert, und dabei überzogen von einer dicken Schicht aus geistigem Humus, in der künstlerische und wissenschaftliche Kreativität bis heute gleichermaßen Nahrung finden.

Es spielen aber noch ganz andere Faktoren eine Rolle, denen Wien seine enorme Lebensqualität verdankt: beispielsweise das gebirgsbachklare Wasser, das in jeder Wohnung, jedem Hotelzimmer aus der Leitung sprudelt, die überdurchschnittlich saubere Luft durch das viele Grün, das die Hälfte des Stadtgebiets bedeckt, der soziale Frieden und die geringe Alltagskriminalität. Diese teils durch ein gnädiges Schicksal, teils durch die Umsicht mehrerer Generationen von Verantwortungsträgern erwirkten Vorzüge schaffen ein vom Aussterben bedrohtes Lebensgefühl, das mit dem viel strapazierten Begriff der ›Wiener Gemütlichkeit‹ umschrieben wird.

Österreichs Metropole von ihren so vielen verschiedenen Seiten samt Ausflügen in die Umgebung, den Wienerwald, das Marchfeld und die Donauauen, stellen Walter M. Weiss, Wien (Text) und Axel Krause, Köln (Bilder) vor. Ins weitere Umland von Wien führen die bereits erschienenen HB-Bildatlanten Nr. 199 ›Niederösterreich‹ und Nr. 162 ›Burgenland‹.

Zum Zeitunglesen ins Kaffeehaus: das Café ›Central‹ im Palais Ferstel ist eines der schönsten.

Titel: Vor dem Kunsthistorischen Museum jenseits des Wiener Burgrings thront Maria Theresia.

Maßstab 1:600.000
0 5 10 15 20 25 km
WIEN
BRATISLAVA
Sopron
Wiener Neustadt
Eisenstadt
Baden
Mödling
Schwechat
Stockerau
Korneuburg
Klosterneuburg
Tulln
Mistelbach a. d. Zaya
Hollabrunn
Znojmo
Hodonín
Malacky
Neunkirchen
Kőszeg
Csorna
Kapuvár
Mosonmagyaróvár
Šamorín
Pezinok
Senica
Skalica
Neusiedl am See
Bruck a. d. Leitha
Hainburg a. d. Donau
Perchtoldsdorf
Mattersburg
Reichenau a. d. Rax
Maissau
Laa a. d. Thaya
Mikulov
Breclav
Stupava

Inhalt

Im Fiaker sitzend, genießt man Wiens Prachtbauten ›schön pomali‹, gemächlich.

WELCOME TO VIENNA'S FIRST SHOPPINGCEN

Die Moderne zeigt Flagge

Das Bild der Wiener Innenstadt wird bis heute von der imperialen Pracht aus monarchischen Zeiten bestimmt. Ringstraße, Hofburg, Belvedere, Schloss Schönbrunn ... Die Ikonen kaiserlicher Prunkentfaltung sind mannigfach. Doch Pioniere wie Otto Wagner, Josef Hoffmann oder Adolf Loos setzten – allerdings hauptsächlich an der Peripherie der Stadt – auch Meilensteine moderner Architektur. Im Zentrum darf sich die Gegenwart erst seit den 1980er Jahren, und auch dies nur recht zaghaft, manifestieren.

Den spektakulärsten Traditionsbruch vollzog Hans Hollein 1990 mit dem Haas-Haus, in dessen glatter Glasfassade sich der Stephansdom fotogen spiegelt.

Alles Walzer im Wiener Fasching

Den Wienern wird die Fähigkeit nachgesagt, die Feste zu feiern, wie sie fallen. Und das sowohl mit Ausgelassenheit wie mit Stil. Tatsächlich verzeichnet der Ballkalender den ganzen Fasching hindurch aberhunderte Veranstaltungen, bei denen sich bis in die frühen Morgenstunden das Tanzbein schwingen lässt – von der hocheleganten Gala in der Staatsoper oder Hofburg bis zum derben ›Kostümgschnas‹ im Vorstadtlokal.

Zu den prestigeträchtigen Höhepunkten jeder Tanzsaison zählt der Juristenball in den Redoutensälen der Hofburg.

Kleinstaat, Erbe einer Großmacht

Das Österreich der Gegenwart ist ein von acht Millionen Menschen bevölkerter Kleinstaat. Und auch Wien zählte vor hundert Jahren um ein Viertel mehr Einwohner, nämlich zwei Millionen. Die Zeugnisse jener glorreichen Vergangenheit, da ein Kaiser von der Hofburg aus ein Riesenreich regierte, sind im Stadtbild allgegenwärtig. In den Köpfen der Wiener freilich hat der gesunde Stolz auf die republikanischen Errungenschaften längst jede Spur von monarchistischem Großmachtdenken verdrängt.

In Bronze gegossen reitet er über Wiens Heldenplatz: Erzherzog Karl, Sohn Kaiser Leopolds II., Statthalter der Österreichischen Niederlande und Sieger über Napoleon 1809 bei Aspern.

MOZART
MOZART

Hehre Klänge süß verpackt

Haydn, Mozart und Beethoven, Brahms und Bruckner, Vater und Sohn Strauss sorgten für Wiens weltweit erstklassigen musikalischen Ruf. Und Institutionen wie die Staatsoper, der Musikverein und die Philharmoniker haben maßgeblich dazu beigetragen, ihn bis heute lebendig zu halten. Das musikalische Erb- und Exportgut der Donaustadt schlechthin sind die straussschen Walzermelodien. Und mit dem Namen der Starkomponisten lässt sich auch vieles gut verkaufen.

1999 gedachten Wien und die ganze musikalische Welt feierlich des 100. Todestages von Johann Strauss jun.

Kunstschätze im Übermaß

Könige, Kaiser und Domherren haben der Stadt ein sensationelles Erbe hinterlassen. Ob in der Schatzkammer, der Akademie der Bildenden Künste, der Albertina, dem Belvedere oder im ›Kunsthistorischen‹ – Wiens Museen strotzen von einmaligen Arbeiten. Und demnächst bekommen auch die jüngeren Meisterwerke eines Gustav Klimt, Egon Schiele oder Arnulf Rainer mit dem Museumsquartier eine neue, großzügig gestaltete Heimat.

Eine einzige Pracht ist allein der Bau des Kunsthistorischen Museums Wien, das eine repräsentative Auswahl von Gemälden der Alten Meister zeigt.

Karall's
Spezial Weinhaus
SEIT 1935
Vorzügliche
Biere

Alte Küche auf neuen Wegen

Die drei kulinarischen Hochburgen des Wienertums sind die Kaffeehäuser, die Heurigen und die Beisln. Letztere existieren zu Hunderten über die ganze Stadt verstreut. Entgegen den häufigen Kassandrarufen vergangener Jahre behaupten sie sich wacker gegen alle Angriffe durch neumodisches Fast- oder Ethno-Food. Denn auch die junge Generation ist auf den Geschmack gekommen, in den urigen Gasthäusern preiswert frisch Gekochtes zu essen.

Altgedient, urgemütlich: Im Haas Beisl in der Margaretenstraße im 5. Bezirk kehren auch gerne ›Promis‹ ein.

Wien: Struktur, Historie,

Mit Macht an die Spitze

Seit dem Fall des Eisernen Vorhangs 1989 ist Wien wieder in den Mittelpunkt eines freien Mitteleuropa gerückt. Ob in der imperialen Innenstadt oder in den Außenbezirken – überall spürt man, Wien will den Vorsprung gegenüber den wiedererwachten Metropolen Budapest und Prag langfristig nicht nur halten, sondern ausbauen.

1. Innere Stadt
2. Leopoldstadt
3. Landstraße
4. Wieden
5. Margareten
6. Mariahilf
7. Neubau
8. Josefstadt
9. Alsergrund
10. Favoriten
11. Simmering
12. Meidling
13. Hietzing
14. Penzing
15. Rudolfsheim-Fünfhaus
16. Ottakring
17. Hernals
18. Währing
19. Döbling
20. Brigittenau
21. Floridsdorf
22. Donaustadt
23. Liesing

23 Bezirke gliedern die Stadt

Wien erstreckt sich zu beiden Seiten der Donau auf dem 48. Breiten- und 16. Längengrad, liegt also etwa auf gleicher Höhe wie München. Es bedeckt eine Fläche von rund 415 Quadratkilometern und ist in 23 Bezirke gegliedert, die mehr oder weniger in zwei konzentrischen Kreisen, einem inneren (2 bis 9) und einem äußeren (10 bis 23), angeordnet sind. In Wien sind Bundespräsident und -regierung sowie Bundes- und Nationalrat ansässig. Da die Hauptstadt laut Verfassung zugleich eines von Österreichs neun Bundesländern bildet, ist ihr Gemeinderat auch Landtag und ihr Bürgermeister auch Landeshauptmann. Beide werden alle fünf Jahre gewählt und traditionell von den Sozialdemokraten dominiert beziehungsweise gestellt.

Prinz Eugen – in Bronze gegossen auf dem Heldenplatz: Würdigung seiner Siege über die Türken als habsburgischer Oberbefehlshaber.

Residenz der Habsburger

Die ersten Siedler, die sich auf jenen Schotter- und Sandterrassen, die den Übergang von den Alpen in die ungarische Tiefebene bilden, auf Dauer niederließen, waren, soweit wir es wissen, vor über 2500 Jahren die Kelten. Kurz vor der Zeitenwende tauchten die Römer an der Donau auf. Sie schufen das Lager Vindobona.

Um 1135 kam Wien, wie die kleine Wehrstadt inzwischen hieß, an das ostfränkische Geschlecht der Babenberger. 1155 verlegten sie als Markgrafen von Österreich ihre Residenz nach Wien. Als Herzog Friedrich II., der letzte Babenberger, im Kampf gegen die Ungarn fiel, geriet die Stadt vorübergehend in den Machtbereich König Ottokars von Böhmen. Doch 1278 wurde dieser im nördlichen Marchfeld von Rudolf I. besiegt. Fast 650 Jahre herrschten von nun an, von kurzen Unterbrechungen abgesehen, die Habsburger über Wien.

Die Verteidigung Europas

1529 belagerten die Türken zum ersten Mal Wien, das sich aber erfolgreich verteidigte. Knapper entgingen die Wiener 1683 der Katastrophe: Nur mit äußerster Mühe hielten sie dem Druck der Truppen Kara Mustafas stand. Daraufhin gingen die Habsburger zum Gegenangriff über. Unter Führung Prinz Eugens von Savoyen befreiten sie Ungarn und Teile des Balkans von den Türken (1718). Das Habsburgerreich erreichte seine größte Ausdehnung. Wien, als dessen Mittelpunkt, erlebte einen beispiellosen Aufschwung. Unter Karl VI. und seiner Tochter, Maria Theresia, schossen barocke Adelspaläste, Gartenschlösser und Bürgerhäuser aus dem Boden.
1805 und 1809 dämpfte Napoleon I. die Euphorie. Zweimal, wenn auch nur kurz, besetzte er die Stadt. In den Jahren 1814/15 räumten Europas Staatsmänner und Fürsten den politischen Scherbenhaufen, den der Korse auf dem Alten Kontinent hinterlassen hatte, beim Wiener Kongress so gut es ging wieder auf.

Ende und Neuanfang

Neues politisches Unheil hatte sich in den Rivalitäten zwischen den Großmächten Europas bereits längere Zeit angekündigt. Für die habsburgische Doppelmonarchie, die 1908 Bosnien und die Herzegowina annektiert hatte, bedeutete die Ermordung des Thronfolgers Franz Ferdinand in Sarajewo (Juni 1914) den Anfang vom Ende. Mitten im Ersten Weltkrieg, im November 1916, starb Kaiser Franz Joseph.
Zwei Jahre später, nach dem Zusammenbruch der Fronten und einem Waffenstillstand, wurde die Erste Republik ausgerufen. Die Folgejahre waren vom verzweifelten wirtschaftlichen Überlebenskampf des Kleinstaates und den wachsenden Gegen-sätzen zwischen dem ›Roten Wien‹, das besonders im sozialen Wohnungsbau enorme Leistungen vollbrachte, und der christlich-sozialen Bundesregierung bestimmt. Im Februar 1934 kam es zur blutigen Eskalation zwischen fortschrittlichen und reaktionären Kräften. Kanzler Dollfuß ließ die Sozialistische Partei (SPÖ) und die Gewerkschaften verbieten, wurde jedoch wenig später bei einem Putschversuch der Nationalsozialisten ermordet.
Am 12. März 1938 ließ Adolf Hitler deutsche Truppen in Österreich einmarschieren. Wien wurde Hauptstadt der ›Ostmark‹, seine gesamte jüdische Bevölkerung im Zweiten Weltkrieg vertrieben, deportiert oder ermordet. Gegen Kriegsende zerstörten die Bomben der Alliierten rund 30 Prozent der städtischen Bausubstanz. Im April 1945 befreiten sowjetische Truppen Wien. Die Stadt wurde in vier Besatzungszonen aufgeteilt und erst zehn Jahre später, nach Abschluss des österreichischen Staatsvertrags 1955, in die Freiheit entlassen.

Die Stadt wächst wieder

Noch nach 1900 zählte Wien mit über zwei Millionen Einwohnern zu den ganz großen Metropolen der Welt. Bei der letzten Volkszählung 1997 hatte Österreichs bei weitem größte Stadt etwas über 1,6 Millionen Einwohner. Experten sagen mittelfristig ein jährliches Wachstum von bis zu 50 000 Menschen voraus. Dem trägt der rasante Stadtausbau Rechnung: An der Donau sowie im Nordosten stampft man nach modernsten urbanen Erkenntnissen weitläufige Wohnviertel aus dem Boden, bisher vernachlässigte Gegenden, etwa der Gürtel, die äußere Ringstraße anstelle der zweiten Stadtbefestigung, und seine angrenzenden Gassen, werden runderneuert. Knapp 300 000 oder rund 18 Prozent von Wiens Einwohnern sind Ausländer. Mehr als ein Drittel kommt aus Ex-Jugoslawien.

Wien wächst: Ein Treffpunkt der Generationen ist der Graben, die elegante Einkaufsmeile zwischen Stephansdom und Kohlmarkt.

Deren ungleiche Verteilung auf wenige Bezirke und ihre unzureichende Integration erleichtern es populistischen Politikern, allen voran dem FPÖ-Mann Jörg Haider, in Teilen der Bevölkerung ausländerfeindliche Ressentiments zu schüren.

Wirtschaft auf Erfolgskurs

An ihre lange Tradition als Mittler zwischen West und Ost hat die alte Residenzstadt bereits vor dem Fall des Eisernen Vorhangs – seit 1980 etwa – erfolgreich angeknüpft. Wirtschaftlich wurde Wien zum Sprungbrett in die neuen Märkte zwischen Warschau, Laibach und Bukarest und zugleich zu einem zentralen Standort zahlloser internationaler Konzerne wie etwa General Motors, Philips oder McDonalds. Österreichs EU-Beitritt 1995 hat diesen Trend noch verstärkt und dazu geführt, daß viele österreichische Firmen, von der Telekom über die Mineralölverwaltung (ÖMV) bis zu Bierbrauereien und Zuckerfabriken, massiv in den östlichen Nachbarländern aktiv sind und in nur zehn Jahren ihre Exporte dorthin auf fast 20 Milliarden Mark mehr als vervierfachen konnten. Insgesamt werden in Wien fast dreißig Prozent des Bruttonationalprodukts erwirtschaftet bei einer Arbeitslosenquote von nur 4 Prozent (1999).

Wiens zeitlose ›Institution‹

Einer ›Institution‹ halten die Wiener ungebrochen die Treue: dem Kaffeehaus. An jeder zweiten Ecke steht eins. Einige sind aus kulturhistorischen oder atmosphärischen Gründen besonders besuchenswert. Etwa das ›Central‹, Prachtlokal im Palais Ferstel. Oder das ›Café Griensteidl‹ auf dem Michaelerplatz, in dem zur Blütezeit des Wiener Kaffeehauses um 1900 Geistesgrößen wie Karl Kraus, Alfred Polgar und Hugo von Hofmannsthal aus und ein gingen. Für seine Törtchen und Mehlspeisen berühmt ist das ›Demel‹ am Kohlmarkt. Das ›Landtmann‹ frequentiert der geeichte Wiener vor dem Besuch des Burgtheaters. Durch den Pop-Barden Georg Danzer berühmt geworden ist das ›Hawelka‹ in der Dorotheergasse. Im ›Bräunerhof‹ in der Stallburggasse um die Ecke verschaffte der Literat Thomas Bernhard (1931–1989) regelmäßig seinem Sarkasmus zeitungslesend Nahrung.

Bühnenkunst vom Feinsten

Zum Renommee, eine der Kulturmetropolen Europas zu sein, tragen nicht nur Wiens Konzertsäle, sondern auch die großen Traditionsbühnen wie Staats- und Volksoper, Burg- und Volkstheater bei. Oder das Theater in der Josefstadt, wo in den frühen 1980er Jahren ein Boy Gobert Intendant war und seit etlichen Jahren Helmut Lohner und Otto Schenk als künstlerisch Verantwortliche gutbürgerliche Konversationsstücke, aber auch hehre Klassiker und dramatische Gegenwartsliteratur pflegen.
Auf eine besonders reiche Tradition blickt das Theater an der Wien zurück: 1801

Hommage an einen Wahlwiener: das Mozart-Denkmal im Burggarten, dem das städtische Gartenamt einen Notenschlüsel verliehen hat.

Wiens Szene ist für alle offen: Wenn auf der Ringstraße die schräge Regenbogenparade abgeht, ist das Burgtheater nur Staffage.

erbaut, war es Schauplatz der Premiere von Beethovens ›Fidelio‹. Aber auch zahlreiche Sprechstücke von Kleist, Grillparzer, Raimund und Nestroy sowie Operetten von Strauss, Suppé, Millöcker, Zeller, Lehár und Kálmán wurden hier uraufgeführt. Heute gilt es dank Dauerbrennern wie dem ›Phantom der Oper‹, ›Cats‹, ›Elisabeth‹ und ›Mozart‹ als höchst erfolgreiche Musicalbühne. Und während der Festwochen sind in ihm hochwertige Theater-, Tanz- und Opernensembles zu Gast.

Szene der ›Beautiful People‹

Sehen und gesehen werden, dieses Ritual vollzieht sich in Wien allabendlich und in den letzten Jahren so intensiv wie nie zuvor. Im mittelalterlichen Straßenlabyrinth um den Hohen Markt gründeten in den späten 1970er Jahren findige Pioniere einer neuen Gastronomie zwei Dutzend Restaurants und Bars mit coolen Interieurs. Diese wurden schon bald zum publicityträchtigen ›Bermuda-Dreieck‹, worin Nachtschwärmer spurlos verschwinden und erst frühmorgens ›erinnerungslos‹ wieder auftauchen. Mittlerweile sind etliche solcher Szeneviertel aus dem Boden gewachsen, um den Rudolfsplatz etwa, in der Schloss- und Ziegelofengasse im 5. Bezirk und im Sommer am Donaukanal und an der Neuen Donau. Doch die Anziehungskraft von Lokalen der ersten Stunde wie dem ›Salzamt‹ oder ›Ma Pitom‹ und Bars wie ›Neuer Engel‹ oder ›Krah-Krah‹ ist ungebrochen. Und die Chance, dort Medien- und Werbeleuten, Künstlern und deren Bohemien-Gefolge zu begegnen, nach wie vor groß. Jüngere Semester ziehen des Nachts noch weiter, in eine der In-Diskotheken, um inmitten von Wiens ›Beautiful People‹ bis zum Morgengrauen dem Clubbing zu frönen.

Tafeln mit Aussicht: Als Gast des Restaurants ›Do & Co‹ im Haas-Haus hat man das gotische Maßwerk des Stephansdoms zum Greifen nah.

Wiens Herz schlägt rund um den ›Steffl‹

Mit 137 Metern überragt der Südturm des ›Steffl‹, wie die Wiener ihren Stephansdom liebevoll nennen, unübersehbar die Altstadt. Hier im Zentrum der Stadt stand schon vor 2000 Jahren das Römerlager Vindobona, bauten gut tausend Jahre später die Babenberger ihre Burg und dann die Habsburger die Hofburg – in Wiens historischem Kern spiegeln sich die Zeitläufte zwischen eleganten Geschäften, Antiquitätenläden und Galerien, noblen Hotels, Restaurants, Kaffeehäusern und abendlichen Szenetreffs.

△ Zur Zeit der Jugend-Musikwoche: Multikulti vor dem ›Steffl‹

△ Anfangs benörgelt, heute geschätzt: das Haas-Haus

△ Meister Pilgram als Fenstergucker an der Kanzel des Doms

Memento mori am Sarg Karls VI. in der Kapuzinergruft ▽

Der Neue Markt mit G. R. Donners Providentia-Brunnen ▽

Attraktionen auf Schritt und Tritt beim Bummel durch die innerstädtische Fußgängerzone: Straßenkünstler auf dem Stephansplatz ▽

Steil aufragend wacht er über der Stadt: der Stephansdom, ein filigraner Koloss, mehr als hundert Meter lang, aus 20 000 Kubikmetern Sandstein geschichtet und ziseliert. Bis in die 1970er Jahre war er vom Autoverkehr umflutet. Jetzt dürfen sich ihm nur noch Fußgänger nähern – über Kärntner Straße, Graben, Stock-im-Eisen-Platz. Was auch die Ladenbesitzer an diesen exquisiten Shoppingmeilen freut, haben doch die Passanten so mehr Muße, die Auslagen in ihren Schaufenstern zu bestaunen.
Auch aus anderen Bereichen des mittelalterlichen Stadtkerns hat man den motorisierten Verkehr verbannt, rund um das romanische Ruprechtskirchlein etwa oder aus Teilen der Tuchlauben. Damit stehen die kopfsteingepflasterten Gässchen uneingeschränkt den ›Schanigärten‹ zur Verfügung, jenen paar Tischen, die im Sommer die Wirte vor ihre Lokale ins Freie stellen.

Erzkonservativer Geist ...

Die Habsburger regierten ihr Weltreich im Namen Gottes, und stets zählten Kleriker zu ihren wichtigsten Beratern. Somit ist es kein Zufall, dass ihre Leichname in der Kapuzinergruft zur letzten Ruhe gebettet sind, also in der Obhut besonders frommer und asketischer Bettelmönche, ihre Eingeweide in Urnen tief unter dem Stephansdom lagern und ihre Herzen in einer Kapelle der Augustinerkirche, dem Schauplatz zahlreicher habsburgischer Hochzeiten und Taufen.
Das konservative Wien präsentiert sich bis heute. Seine Verbundenheit zur katholischen Kirche beweist es zu Fronleichnam, wenn mehrere Tausend Gläubige hinter dem Baldachin vom Dom durch die Innenstadt ziehen. An ihrer Spitze der Kardinal mit den Herren des Domkapitels und zahlreichen Priestern. Die Monarchisten hingegen zeigen am 18. August, dem Geburtstag Kaiser Franz Josephs, rund um die Kapuzinergruft – schwarzgelbe – Flagge.

... und die Avantgarde

Konservatismus gibt den einen Halt, provoziert die anderen. Besonders Künstler entwickeln in diesem Klima konträre Ideen. Weg-

△ Die 1693 vollendete Pestsäule auf dem Graben

Hrdlickas Mahnmal gegen Krieg und Faschismus ▽

Kunst vom Allerfeinsten: ›Antiquitäten Hofstätter‹ in der Bräunerstraße ▽

Eine Legende, nicht nur der Schokotorten wegen ▽

△ Ein Konsumtempel der besonderen Art: das Auktionshaus Dorotheum   Edeladresse für Textilien: ›der Braun‹ auf dem Graben ▽

weisende Schöpfungen der Nachkriegsavantgarde sind das Portal des Juweliers Schullin oder auch das des Kerzengeschäfts Retti, Kohlmarkt 7 und 10, beides frühe Arbeiten von Hans Hollein, dem in seiner Heimatstadt lange Jahre verkannten Stararchitekten. Auch bei Thonet, wo das Erbe des legendären Bugholzerfinders aus dem Biedermeier fortgeführt wird, bestimmt zeitgemäßes Design die Form.
Aufsehenerregendster Bruch mit den baulichen Traditionen im Stadtkern ist das sogenannte Haas-Haus. Der ebenfalls von Hollein entworfene Konsumtempel gegenüber dem Stephansdom wurde bei seiner Eröffnung 1990 von vielen Wienern – fast möchte man sagen erwartungsgemäß – benörgelt. Mittlerweile ist man stolz auf den postmodernen Bau, dessen getönte Spiegelgläser die feinen Türmchen des ›Steffl‹ höchst fotogen reflektieren, und wo man im ›Do & Co‹ im 6. Stock zum Panoramablick erstklassig-frische Meerestiere kredenzt bekommt.

›Haus ohne Augenbrauen‹

Ein neues Phänomen sind Skandale um Neubauten in Wien nicht. Am Michaelerplatz etwa gab es bereits um 1910 gewaltige Aufregung: Adolf Loos, strikter Verfechter ornamentloser Architektur, hatte ein Geschäftshaus von provokanter Neuartigkeit errichtet – eine Absage an die Simse und Schnörkel des Ringstraßenstils. Die Häme der Wiener ergoß sich über ihn und sein ›Haus ohne Augenbrauen‹. Die Raiffeisenbank hat diesen Meilenstein moderner Baukunst bis ins Detail originalgetreu renovieren lassen. Die Fassade aus Marmor und das holzgetäfelte Foyer beeindrucken durch schlichte Eleganz.

Nobel-Fundgrube Dorotheum

Schlichtweg nobel ist auch der erste Eindruck beim Eintritt ins Dorotheum. Die prunkvolle Heimstatt, die man dem vor fast 300 Jahren als ›Versattz-Ambt‹ für ›nöthig und bedörfftig Partheyen‹ gegründeten Auktionshaus kurz nach 1900 errichtet hat, ist ein dreistöckiges Labyrinth stuckverzierter Schauräume. Darin findet sich von alten Möbeln, Teppichen, Porzellan bis zu Mün-

△ Große Gesten am Michaelertrakt der Hofburg: Wandbrunnen ... ... und Herkules als Torwächter ▽

△ Sommerliches Open-Air-Konzert in der Prachtkulisse des Josefsplatzes

△ Vor dem Eingang zur Nationalbibliothek: Einstimmung der Musiker

△ Galavorführung der Lipizzaner in der Winterreitschule der Hofburg

Blick in den barocken Prunksaal der Nationalbibliothek ▽

zen, Büchern, Waffen und Spielzeug nahezu alles, was man für Geld erstehen kann. Sogar Papageien und Hubschrauber wurden, so vermerkt die Firmenchronik, schon verkauft. Und in manchen Sälen harren hinter dickem Vitrinenglas und von bewaffneten Sicherheitsbeamten bewacht, Pretiosen und erlesene Antiquitäten neuer Besitzer.

Die Klientel kommt aus allen Schichten: Da gibt es Fachhändler und betuchte Sammler, die in den täglichen spartenbezogenen Versteigerungen schon mal ein Gemälde, eine Skulptur oder ein Möbel für mehrere hunderttausend Mark mit nach Hause nehmen. Dann gibt es die Schnäppchenjäger, die durch die Abteilung ›Freier Verkauf‹ flanieren, um das eine oder andere Objekt wie im Geschäft gegen Barzahlung zu erstehen. Und schließlich trifft man auf jene ›Stammkunden‹, die zu dem jährlichen Umsatz von über 200 Millionen Mark keinen Pfennig beitragen, sondern ohne jede Kaufabsicht nur deshalb immer wiederkehren, um all die schönen Dinge zu bestaunen und die einmalige Atmosphäre zu schnuppern.

Spiegel der Historie: Hofburg

Über 600 Jahre, von kurzen Unterbrechungen abgesehen, bildete die Wiener Hofburg das Herz des Habsburgerreiches. Und so wie sich dieses durch siegreiche Schlachten, mehr noch durch eine geschickte Heiratspolitik, Schritt um Schritt bis zum weltumspannenden Imperium ausdehnte, wuchs auch die anfänglich schlichte, gotische Burg zu einem gigantischen Gebäudekomplex. Bereits Kaiser Ferdinand I. ließ für seinen aus Spanien heimkehrenden Sohn Maximilian 1550 ein Renaissance-Schloss, die sogenannte Stallburg, errichten. Hundert Jahre später baute Leopold I. den mächtigen Trakt entlang des heutigen Heldenplatzes. Karl VI. schuf den barocken Reichskanzleitrakt, die Redoutensäle, die Hofbibliothek und die Winterreitschule.

Im Biedermeier erhielt der Innere Burgbereich sein einheitliches klassizistisches Gesicht. Die letzte Erweiterung schließlich befahl Franz Joseph I., indem er die monumentale Neue Burg errichten ließ, die

△ Häufiger Tagungsort der Organisation für Sicherheit und Zusammenarbeit in Europa (OSZE): Hofburg

△ Die Neue Burg mit dem Denkmal des Türkenbezwingers Prinz Eugen von Savoyen

△ Ballsaison in der Rudolfiner Redoute: Disko ... ... und klassische Polonaise ▽

Parade der Kulturen – Abschlussfest des ›Großen Hallamasch‹, Wiens herbstlichem Multikulti-Festival, auf dem Heldenplatz ▽

die Alte Hofburg mit der Ringstraße verbindet. Das Resultat der ruhelosen Bautätigkeit: ein Stilmix, so vielfältig wie das einstige Weltreich, das von hier aus regiert wurde.
Heute beherbergt der Großteil der Räume Museen und Sammlungen, allen voran die Schatzkammer mit den österreichischen Kaiserkronen, den Krönungsinsignien,dem Burgunderschatz und Kleinodien des Heiligen Römischen Reichs.

›Imperiales‹ Kongresszentrum

Achtzig Privatmieter logieren noch in der Hofburg – und tagsüber Österreichs Bundespräsident. Temporäre Gäste sind die Nutzer des Kongresszentrums, einem Ort der Begegnung, der seinesgleichen sucht. Die Appartements Maria Theresias und Feldmarschall Radetzkys, Marmor-, Metternich-, Zeremonien- und Großer Redoutensaal, wo schon im 18. Jahrhundert pompöse Barockopern uraufgeführt wurden und die Hochzeitstafel Kaiser Josephs II. stattfand, – insgesamt über 11000 Quadratmeter hochherrschaftlicher Räumlichkeiten, ausgestattet mit üppigstem Stuckdekor, Kristall-Lüstern und hypermoderner Kommunikationstechnik, festigen den Ruf Wiens als Metropole der Diplomatie.
Einen Ruf, der aus den Zeiten des Wiener Kongresses herrührt, als Monarchen und Staatsmänner aus ganz Europa in der Kaiserstadt das postnapoleonische Politchaos ordneten. Und der auch nach dem Zweiten Weltkrieg durch zahllose Gipfeltreffen von Männern wie Nikita Chruschtschow, John F. Kennedy, Shimon Peres, Anwar as-Sadat, Jimmy Carter und Leonid Breschnew weiter gepflegt wurde oder, in jüngster Zeit, bei den diversen Konferenzen der OSZE oder der Ratstagung während Österreichs EU-Präsidentschaft im Dezember 1998, an der alle EU-Regierungschefs teilnahmen.

Hallamasch am Heldenplatz

Ein schöner Septembertag: Bereits am frühen Nachmittag kann man auf einem Lama reiten, Straßenkünstler bestaunen, Originelles auf dem Kunsthandwerkermarkt entdecken oder kulinarische Köstlichkeiten zu sich nehmen. Ab 17 Uhr zieht die Parade der Kulturen, brasi-

△ Chorähnlich: Sakristei der Minoritenkirche

△ Ein Ort hochkarätiger Ausstellungen: Kunstforum der Bank Austria an der Freyung 1

Austria-Brunnen und Schottenkirche auf der Freyung ▽

△ Die Synagoge in der Seitenstettengasse ist ein Werk von Josef Kornhäusel, Wiens einzigem klassizistischen Architekten von Rang

△ Eins von Wiens traditionsreichsten Kaffeehäusern: das ›Central‹

Der ›Hof‹ ist die größte Platzanlage der Innenstadt ▽

lianische Samba- und chinesische Drachentänzer ebenso wie Derwische, Dudelsackspieler und Volkstanzgruppen aus Tirol, über den Heldenplatz. Ab 18.30 Uhr geht's richtig los: Parallel auf mehreren Bühnen beginnt ein farbenfrohes Programm, um mit Musik, Tanz und Gesang lautstark das Leben zu feiern. Dazwischen überraschen Straßenkünstler mit feurigen Shows, Stegreif-Theater und Akrobatik. Um 23 Uhr endet das Abschlussfest des ›Großen Hallamasch‹, dieses 1997 zum Zeichen der Freude an der Vielfalt von Traditionen und Lebensstilen gegründeten einwöchigen ›Festivals der Kulturen und Straßenkunst‹. Wer dann noch nicht ausgetanzt hatte, konnte das anschließend bis in den frühen Morgen beim ›Akwaba-Afro-Clubbing‹ in den Sofiensälen tun. Danach war engültig Schluss – bis zum nächsten Jahr in ähnlicher Form im September.

Wien und die Juden

In der Seitenstettengasse stößt man zwischen den schicken Müßiggängern auf schwer bewaffnete Polizisten. Der Grund: Hier steht Wiens Hauptsynagoge, die als einziger jüdischer Gebets- und Versammlungsort das Progrom 1938 halbwegs unbeschadet überstand. Nebenan unterhält die Israelitische Kultusgemeinde ihr Zentrum.

Die eigentliche Heimat der Wiener Juden war bis zur Nazi-Herrschaft und dem Holocaust der 2. Bezirk, die Leopoldstadt, die im Volksmund deshalb auch ›Mazzesinsel‹ hieß. Nach 1945 fand man dort, in den Gässchen rund um den Karmelitermarkt, jahrzehntelang kaum noch Spuren eines Stetls – hier ein einsamer koscherer Laden, dort eine jüdische Schule, ganz selten ein Passant in orthodoxer Tracht.

In den letzten Jahren ist Wiens jüdische Bevölkerung, vor allem aufgrund der Zuwanderung aus dem Bereich der früheren Sowjetunion, wenigstens wieder auf geschätzte 20 000 bis 30 000 angewachsen. Es gibt ein Dutzend Bethäuser und Synagogen, mehrere jüdische Schulen, Jugendorganisationen und ein Jüdisches Museum. Und zweimal jährlich, im Frühjahr und Herbst, organisiert man spezielle Kulturwochen.

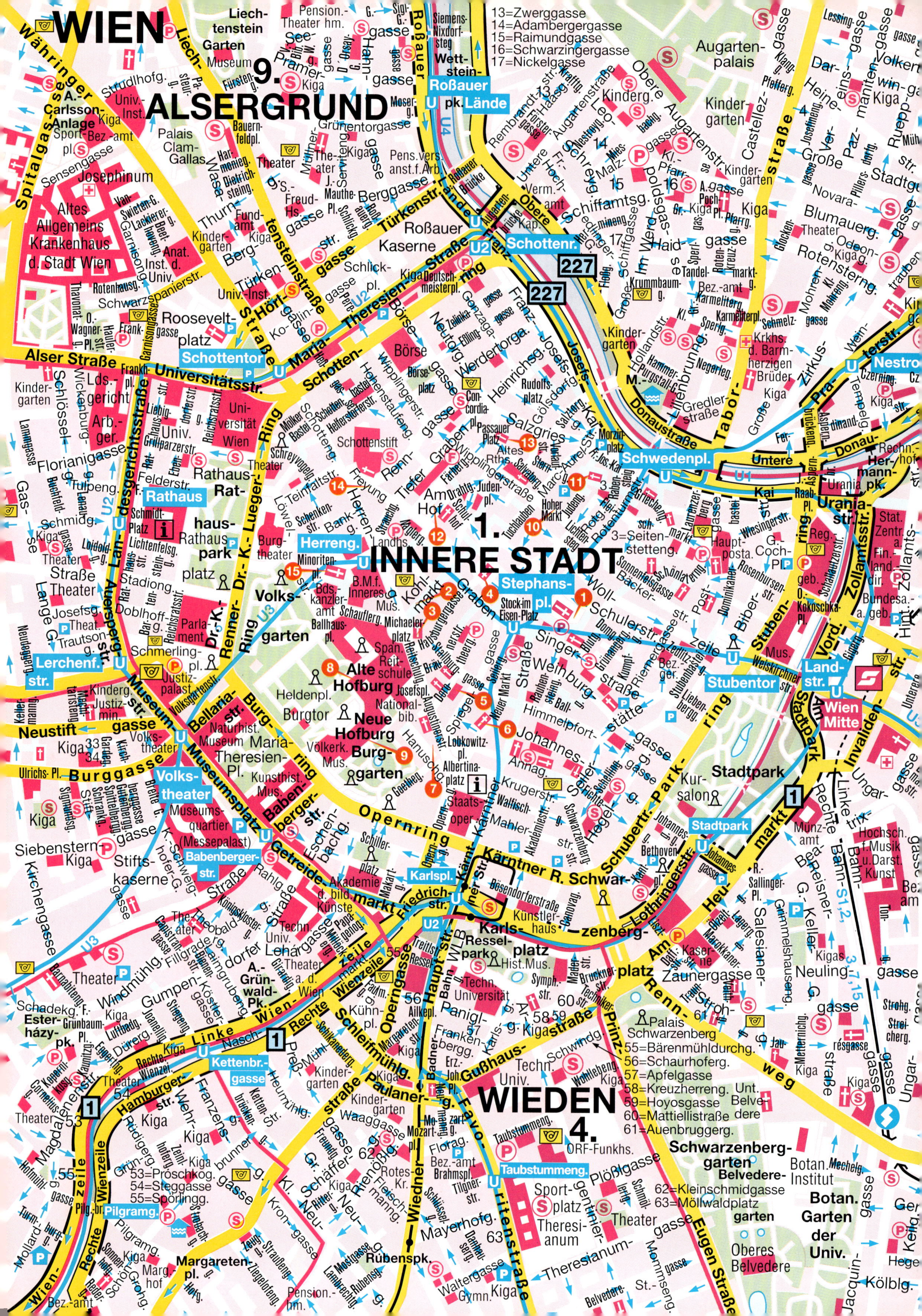
WIEN
9. ALSERGRUND
1. INNERE STADT
WIEDEN 4.
13=Zwerggasse
14=Adambergergasse
15=Raimundgasse
16=Schwarzingergasse
17=Nickelgasse
53=Pröschkog.
54=Steggasse
55=Spörlingg.
55=Bärenmühldurchg.
56=Schaurhoferg.
57=Apfelgasse
58=Kreuzherreng.
59=Hoyosgasse
60=Mattiellistraße
61=Auenbruggerg.
62=Kleinschmidgasse
63=Möllwaldplatz
Liechtenstein Garten
Roßauer Lände
Augartenpalais
Altes Allgemeins Krankenhaus d. Stadt Wien
Josephinum
Roßauer Kaserne
Schottenring
Schottentor
Universitätsstr.
Alser Straße
Rathaus
Rathauspark
Universität Wien
Börse
Herreng.
Stephanspl.
Schwedenpl.
Volksgarten
Alte Hofburg
Neue Hofburg
Burggarten
Heldenpl.
Naturhist. Museum
Maria-Theresien-Pl.
Kunsthist. Mus.
Museumsquartier
Volkstheater
Opernring
Staatsoper
Karlspl.
Karlsplatz
Resselpark
Stadtpark
Kursalon
Stubentor
Landstr. Wien Mitte
Urania
Schwarzenbergplatz
Palais Schwarzenberg
Schwarzenberggarten
Belvedere-garten
Oberes Belvedere
Botan. Garten der Univ.
Taubstummeng.
Kettenbr.-gasse
Pilgram.
Margareten-pl.
Lerchenf. str.
Neustiftgasse
Burggasse
Babenberger-str.
Wiedner Hauptstr.
Ringstraße
Donaukanal
227

Wo gibt es was?

Nadelnummer = Textnummer

Stephansdom ①

Die Dom- und Metropolitankirche, 1. Bez., Stephansplatz (U 1, U 3 Stephansplatz), ist das bedeutendste gotische Bauwerk (14./15. Jh.) Österreichs. Vom letzten der beiden romanischen Vorgänger (ab Mitte 12. Jh.) ist das Riesentor (um 1230) mit den beiden Heidentürmen erhalten.
Innen: Der dreischiffige Innenraum birgt großartige Kunstschätze: Orgelfuß (1513) und Kanzel (um 1515), beide von Anton Pilgram, Wiener Neustädter Altar (1447), Hochgrab Kaiser Friedrichs III. († 1493) nach einem Entwurf von Niclas Gerhaert van Leyden (Führungen mo–sa 10.30 u. 15, so 15, Juni–Sept. sa auch 19 Uhr). Die Türmerstube des Südturms (137 m, 313 Stufen) bietet einen herrlichen Blick auf die Stadt (tgl. 9–17.30 Uhr). Die Aussichtsplattform des nicht einmal halb so hohen Nordturms, in dem die ›Pummerin‹, Österreichs schwerste Glocke (21 383 kg), hängt, ist aus dem Dominneren per Aufzug zugänglich (April–Sept. tgl. 9–18, sonst nur bis 17 Uhr). In den Gruftanlagen unter dem Nordturm, über eine Treppe erreichbar, werden u.a. die Urnen mit den Eingeweiden der Habsburger aufbewahrt (nur mit Führung alle halbe Stunde tgl. 14–16.30, mo–sa auch 10, 11, 11.30 Uhr).

Kohlmarkt und Graben ②–④

In Wiens beiden elegantesten Einkaufsstraßen (U 1, U 3 Stephansplatz, U 3 Herrengasse) mit vielen schönen alten Fassaden und Firmenschildern hat sich noch ein Rest aristokratischen Flairs erhalten. Bemerkenswert am **Kohlmarkt** ② sind die zwei von Hans Hollein entworfenen modernen Geschäftsportale der Häuser 7 und 10. Die frühere k.u.k.-Hofzuckerbäckerei **Demel**, Nr. 14, ist eines der klassischen Wiener Kaffeehäuser (tgl. 10–19 Uhr). Am **Michaelerplatz** brachten archäologische Grabungen 1990/91 Fundamente aus der Römerzeit ans Licht. Zur Bauzeit eine architektonische Revolution war das **Adolf-Loos-Haus** (um 1910), jetzt Raiffeisenbank, an seiner Westseite. Neben der im Kern spätromanisch-frühgotischen **Michaelerkirche** ③ führt ein Fußgängerdurchgang zu den **Neidhart-Fresken** (14. Jh.), Wandmalereien nach Dichtungen des Minnesängers Neidhart von Reuental. Auf dem **Graben** wurde zum Dank für das Ende der Seuche von 1679 die **Pestsäule** errichtet. Barockjuwel ist auch die nahe **Peterskirche** ④, für die J. Lukas von Hildebrandt die Pläne und J. Michael Rottmayr ein grandioses Kuppelfresko schufen.

Antiquitätenviertel ⑤–⑦

In den engen Gassen zwischen Kärntner- und Augustinerstraße (U 1, U 3 Stephansplatz) sind die Läden für hochwertige Antiquitäten besonders dicht gesät. eine große Auswahl bietet das Auktionshaus **Dorotheum** ⑤, 1. Bez., Dorotheerg. 17 (mo–fr 10–18, sa 10–17 Uhr). Wenig weiter lädt das **Café Hawelka**, Dorotheergasse 6, zur Rast (mi–mo 8–2, so/fei 16–2 Uhr). Einblicke in das einst reiche Geistesleben der jüdischen Gemeinde und interessante Wechselausstellungen bietet das **Jüdische Museum**, Dorotheerg. 11 (so–fr 10–18, do 10–20 Uhr).
Ein Kristallisationspunkt österreichischer Geschichte ist die **Kapuzinergruft** ⑥ auf dem Neuen Markt (tgl. 9.30–16 Uhr). Tief unter der Erde werden hier seit 1633 die wichtigsten Mitglieder der habsburgischen Herrscherfamilie beigesetzt. Besonders imposant ist der barocke Doppelsarkophag für Kaiserin Maria Theresia († 1780) und ihren Gemahl Franz Stephan von Lothringen († 1765) von Balthasar Moll.
Das Palais **Albertina** ⑦, 1. Bez., Augustinerstr. 1 (U 1, U 2, U 4 Karlsplatz), birgt die weltgrößte Sammlung an Grafiken und Handzeichnungen, in der so gut wie alle berühmten Meister vertreten sind (wegen Sanierung bis voraussichtlich Ende 2000 geschl.; in der Zwischenzeit Sonderausstellungen aus Beständen im Akademiehof, Eingang: Makartg. 3, di–so 10–17 Uhr). Auf dem Albertinaplatz davor wurde von Alfred Hrdlicka das **Mahnmal gegen Krieg und Faschismus** (1988–91) errichtet zum Gedenken an die Opfer der Nazi-Diktatur und des Zweiten Weltkriegs.

Hofburg ⑧–⑨

Die **›Burg‹** ⑧, Michaelerplatz 1, stellte als Amts- und Wohnsitz der Habsburgerherrscher (1276–1918) das Herz des österreichischen Vielvölkerstaates dar (U 1, U 3 Stephansplatz, U 3 Herrengasse). Die anfangs mittelalterliche Burganlage wurde von den Regenten im Laufe der Zeit Trakt um Trakt zu dem jetzigen Riesenkomplex ausgebaut und dient heute u.a. als Kongresszentrum. Ihren historischen Kern bilden die um den Schweizerhof gruppierten Gebäude, in denen sich die **Burgkapelle** (1449), wo so/fei die Wiener Sängerknaben die Morgenmesse singen (Res. etliche Wochen vorher, Fax 01/5339927-75) und die **Schatzkammer** befinden, eine großartige Sammlung an weltlichen und geistlichen Kostbarkeiten (mi–mo 10–18 Uhr). Weitere Höhepunkte der 18 Trakte und 19 Höfe umfassenden Anlage sind die **Hofsilber- und Tafelkammer** und die **Kaiserappartements**, Innerer Burghof (tgl. 9 bis 16.30 Uhr), der von Johann Bernhard Fischer von Erlach geplante und von seinem Sohn Joseph Emanuel fertiggestellte Prunksaal der **Nationalbibliothek**, Josefsplatz 1 (Mitte Mai–Okt. mo–mi, fr, sa 10 bis 16, do 10–19, so/fei 10–14, Nov. bis Mitte Mai mo–sa 10–14 Uhr), die **Spanische Hofreitschule**, Josefsplatz, wo die Lipizzaner ihre Künste vorführen (Karten für die Morgenarbeit im Hotel oder bei der Tourist-Information. Für die Galavorstellungen Karten früh schriftl. bestellen: Spanische Reitschule, Hofburg, A-1010 Wien, Fax 01/5350186, oder über diverse Wiener Theaterkarten- u. Reisebüros). Lohnend sind auch das **Völkerkunde- u. Ephesos-Museum** sowie die **Sammlungen für Waffen und Alte Musikinstrumente** (alle: mi–mo 10–18 Uhr) in der **Neuen Burg** ⑨, Heldenplatz (U 2 Babenbergerstraße).

Hoher Markt ⑩–⑪

Auf dem Hohen Markt (U 1, U 3 Stephansplatz, U 1, U 4 Schwedenplatz), wo im Mittelalter Gericht und Pranger lagen, kann man zu den Fundamenten der Stadtgeschichte hinabsteigen: Unter dem Pflaster wurde das römische **Legionslager Vindobona** ⑩ sichergestellt (di–so 9–12.15 u. 13–16.30 Uhr). In der Ostecke des Platzes spannt sich zwischen zwei Häusern die **Ankeruhr** (10 m) des Jugendstilmalers Franz von Matsch (tgl. 12 Uhr musikbegleitete Figurenparade von Persönlichkeiten der Stadtgeschichte). Am Ruprechtsplatz liegt Wiens ältestes Gotteshaus, die **Ruprechtskirche** ⑪ (Langhaus 11. Jh., Chor-Mittelfenster 13. Jh.), östlich Wiens **Hauptsynagoge**, Seitenstetteng. 4 (Führungen mo–do n. Anm. Tel. 01/53104-15).

Am Hof ⑫–⑬

Auf dem **Hof** ⑫ (U 3 Herrengasse) stand vor ca. 800 Jahren die Residenz der Babenbergerherzöge. Heute ist der Platz von stattlichen Palais und Bürgerhäusern gesäumt, darunter im Westen dem **Bürgerlichen Zeughaus** mit dem Feuerwehrmuseum (Voranmeldung Tel. 01/53199). Vis-à-vis die frühbarocke **Kirche Zu den neun Chören der Engel**, auf deren Balkon Franz II. 1806 offiziell als römisch-deutscher Kaiser abdankte. Dahinter liegt das reiche **Uhrenmuseum**, Schulhof 2 (di–so 9–16.30 Uhr). Schmuckstück der Gotik ist die **Kirche Maria am Gestade** ⑬, Salvatorg. 12, mit ihrem filigranen Kuppelhelm; in einer Seitenkapelle ruht Clemens Maria Hofbauer (1751–1820), Wiens Stadtpatron.

Freyung ⑭–⑮

Die **Freyung** ⑭ (U 2 Schottentor, U 3 Herrengasse) beherrscht das **Schottenstift**; es birgt eine Gemäldegalerie, im Hintergrund einer Altartafel (15. Jh.) die älteste Ansicht Wiens (do–sa 10–17, so 12–17 Uhr). Gute Sonderausstellungen im **Palais Harrach**, Nr. 3 (tgl. 10–18 Uhr), und **Kunstforum**, Nr. 8 (tgl. 10–18, mi bis 21 Uhr). Das Palais Ferstel (1860) birgt das **Café Central**, Herreng. 14 (mo–sa 8–22 Uhr). Aus der Gotik (14. Jh.) stammt die **Minoritenkirche** ⑮ am Minoritenplatz.

Maßstab 1:12.500 — 0 150 300 450 600 m

Stilvoller als im Kuppelraum über dem Treppenhaus des Kunsthistorischen Museums läßt sich Kaffee in Wien, dem Mekka des Mokkas, wohl kaum schlürfen.

Boulevard mit Stil: die Ringstraße

Wiens historischen Kern umschließt die Ringstraße. Den Startschuss gab Kaiser Franz Joseph 1857. Er ließ die Wehranlagen schleifen und an ihrer Statt eine Allee anlegen, in neun Abschnitte gegliedert und fast viereinhalb Kilometer lang. Entstanden ist ein Prachtboulevard mit spektakulären Gebäuden wie Rathaus, Parlament, Oper und ›Burg‹ sowie wichtigen Verwaltungsbauten. Gar manches dient als schillernder Treffpunkt – etwa für den Opernball, die Eröffnung der Wiener Festwochen oder als Kulisse der Regenbogenparade.

△ Das 1909 erbaute Volksbildungshaus ›Urania‹

Installation im Museum für Angewandte Kunst ▽

△ Eldorado für Freunde exquisiten Einkaufens: die Ringstraßenpassage am Kärntner Ring

Fiaker contra Tram ▽

△ Seitenblick auf den Opernring

Nomen est omen: Innenansicht des Hotels ›Imperial‹ ▽

All die Monumentalbauten und die vielen zeitgleich errichteten großbürgerlichen Mietpaläste an der fast 60 Meter breiten Ringstraße haben eines gemeinsam: eine einheitliche, wenn auch verschiedenen Stilepochen entlehnte Formensprache. Die Zeitgenossen bejubelten diesen Historismus, der sich der Antike und des Klassizismus ebenso bediente wie der Gotik und Renaissance. Spätere Generationen schmähten ihn als unfruchtbaren Eklektizismus. Erst in letzter Zeit fand er als legitimer Versuch, Geschichtsbewusstsein in der Bildenden Kunst Gestalt werden zu lassen, Anerkennung.

Von der pompösen Pracht ...

Es versteht sich von selbst, dass die bedeutendsten Architekten Europas verpflichtet wurden. Sollten Bauten wie die neuen Trakte der Hofburg oder die von Gottfried Semper und Karl von Hasenauer errichteten Museen, das Natur- und das Kunsthistorische, doch das imperiale Ansehen der Reichshaupt- und Residenzstadt unterstreichen. Immerhin war Wien seinerzeit das Zentrum einer 50-Millionen-Monarchie. Die meisten Bauwerke jedoch, allen voran Theophil Hansens Parlament oder Friedrich Schmidts Neues Rathaus, repräsentierten den eben erst gewonnenen Einfluss des dritten Standes: des liberalen Bürgertums.

... zum Nutzstil Otto Wagners

Als großer Neuerer in jenen Jahren des beispiellosen Baubooms entpuppte sich Otto Wagner (1841–1918). Seine Architektur wirkte für das gesamte Habsburgerreich vorbildhaft und prägte durch seine Schüler, etwa Joseph Maria Olbrich, Josef Hoffmann, Josef Plecnik und Max Fabiani, auch noch entscheidend das Baugeschehen der Ersten Republik. An den Akademien von Berlin und Wien klassisch ausgebildet, war Wagner zu Beginn seiner Karriere noch ganz der Ästhetik des 19. Jahrhunderts verpflichtet. Seine frühen Miets- und Geschäftshäuser stehen in der Tradition des historistischen Ringstraßenstils.
Doch schon 1894 stellte er fest: ›Nichts, was nicht brauchbar ist, kann schön sein‹. Und trat für einen

△ Treffpunkt für Liebhaber höchster Gesangskultur ist die Wiener Staatsoper, in der zehn Monate im Jahr tagtäglich die Wiener Philharmoniker als Hausorchester aufspielen

Der Opernball: bis heute Höhepunkt des Wiener Faschings ... ▽

△ ... und Nagelprobe für Debütantinnen und Couturiers

△ Schrilles Event: Regenbogenparade am Gay Liberation Day ▽

ausschließlich durch Zweck, Material und Konstruktion bestimmten ›Nutzstil‹ ein. Bahn brechend wirkte Wagner insbesondere durch jene technischen Bauten, mit denen er die Infrastruktur der Reichshauptstadt grundlegend modernisierte. Dazu gehörte vor allem das Projekt der Stadtbahn, Wiens erstem funktionsfähigen Massenverkehrsmittel, dessen in reinem Jugendstil gehaltene Stationsgebäude und Brückenbauten bis heute die Stadtlandschaft entlang des Wienflusstals, Donaukanals und Gürtels zieren.

Auch an der Ringstraße hinterließ er ein Schlüsselwerk: die Postsparkasse. An ihrem Äußeren findet sich keine Spur mehr von den reich ornamentierten, oft schillernd bunten Fassadenteppichen der secessionistischen Zeit. Stattdessen ist es mit glatten, industriell wirkenden Marmorplatten verkleidet, die durch Aluminiumbolzen gehalten werden. Auch das Innere stellt mit dem gläsernen Tonnengewölbe über dem Kassensaal und den vielen Konstruktionsdetails einen Prototyp bis dato ungekannter technischer Ästhetik dar.

Werdegang des Designs

Ein Mekka der modernen Ästhetik bildet seit seiner Eröffnung 1871 auch das nahe Museum für Angewandte Kunst. Als erstes Kunstgewerbemuseum Kontinentaleuropas diente der von Heinrich von Ferstel am Stubenring im Stil der italienischen Renaissance errichtete, mit Sgraffito-Malereien und Majolika-Medaillons dekorierte Ziegelbau wie sein Vorbild, das heutige Victoria & Albert Museum in London, vor allem dem Zweck, ›die Produktion der täglichen Gebrauchsgüter handwerklich und ästhetisch verbessern zu helfen‹. Zugleich sollte es die zeitgenössischen Tendenzen in Kunst und Industrie aufzeigen. Sein Einfluss erstreckte sich, nicht zuletzt dank der wenig später angebauten, nach wie vor existierenden Kunstgewerbeschule, sehr rasch auf die gesamte österreichisch-ungarische Monarchie. Natürlich haben sich in den seither vergangenen 130 Jahren Präsentation und Selbstverständnis des MAK dem Zeitgeist entsprechend radikal gewandelt. So spiegelt es heute mit hochkarätigen Sonderausstellungen

△ Das Kunsthistorische Museum ... ... und davor, nicht minder pompös, das Denkmal Kaiserin Maria Theresias und der bedeutendsten Männer ihrer Zeit ▽

△ Im Naturhistorischen Museum

Canovas ›Theseus‹ ▽

Brueghel, Rubens, Tizian ... Die Gemäldesammlung des Kunsthistorischen Museums wurde aus ganz Europa zusammengetragen ▽

regelmäßig die Entwicklungen der aktuellen Avantgarde der Bildenden Kunst in aller Welt wider. Und durch einen aufwendigen Umbau wurde Anfang der 1990er Jahre auch die räumliche Infrastruktur grundlegend modernisiert. Doch die Kernsubstanz des Hauses bilden nach wie vor jene immens reichen Sammlungen aus der k.u.k.-Zeit, die die Entwicklung des europäischen Kunstgewerbes vom Mittelalter bis ins 20. Jahrhundert auf allen nur erdenklichen Gebieten – von Glas, Keramik und Metall über Möbel, Porzellan und Textilien bis zu Orientteppichen und Ostasiatika – dokumentieren.

Meisterwerke alter Kunst

Wien besitzt ungefähr 150 Museen. An erster Stelle in der Besuchergunst steht das Kunsthistorische Museum: Allein 1998 kamen 743 000, um Rembrandt, Rubens, Dürer, Bruegel, Tizian, Tintoretto, Velazquez und vielen kaum minder genialen Malern die Aufwartung zu machen. Die von den Habsburgern über Jahrhunderte ersammelte Gemäldegalerie ist eine der bedeutendsten der Welt. Die zum Haus gehörige Ägyptische-, Kunstgewerbe- und Antikensammlung stehen ihr, was Qualität und Umfang betrifft, kaum nach.

Weniger frequentiert wird das Naturhistorische Museum, das nahezu identische architektonische Gegenstück. Zu Unrecht, nennt es doch die weltweit umfassendste Insektensammlung, das 13 000bändige ›Wiener Herbarium‹ und die legendäre Venus von Willendorf, eine ungefähr 25 000 Jahre alte vollbusige Fruchtbarkeitsstatuette, ihr Eigen.

Mal duftend, mal exotisch

Etwa die Hälfte Wiens ist Grünland. Die makellosesten Innenstadt-Parks sind zweifellos Volks- und Burggarten. Im Frühsommer erfüllt ein berauschender Duft das in allen Farben blühende Rosarium des Volksgartens. Ein Denkmal erinnert an ›Sisi‹, die 1898 in Genf von einem Anarchisten ermordete Kaiserin Elisabeth, die Gattin Franz Josephs I. Der Burggarten war bis zum Ende der Monarchie den Mitgliedern der Habsburgerfamilie vorbehalten. Jetzt verbreitet ein wunderbar filigranes

△ Burggarten: Alt ist das Mozart-Denkmal, ... neu das Restaurant in der Orangerie ▽

△ Den Entwurf für den 1820-23 erbauten Theseustempel im Volksgarten lieferte Pietro Nobile

△ Pallas-Athene-Brunnen vor dem Parlament, ...

... Eröffnung der Wiener Festwochen vor dem Rathaus ▽

Jugendstilglashaus hier den Zauber eines kleinen, aber feinen tropischen Regenwaldes, bevölkert von exotischen Schmetterlingen.
Größter der gepflegten Gärten ist der Stadtpark. Entlang seiner mäandrierenden Spazierwege stößt man auf Denkmäler Wiener Musikergrößen: Schubert, Lehár, Bruckner, Robert Stolz – und den vergoldeten Johann Strauss junior. Des fast ebenso berühmten Vaters des Walzerkönigs wird in dem von majestätischen Baumriesen bestandenen Rathauspark gedacht.

Bälle: Wiens fünfte Jahreszeit

Als die Straussdynastie den Walzer kreierte, erfand sie damit die U-Musik schlechthin. Der Walzer ist noch immer die meistgespielte Musik – mit ausgesprochen entspannender Wirkung, wie inzwischen nicht nur die Airlines wissen, die von China bis Amerika ihre Fluggäste mit Walzerklängen beruhigen.
Zum Kult erhoben wird der Walzer beim Opernball am letzten Februardonnerstag, zu dem alljährlich Prominenz aus halb Europa anreist. Krönender Abschluss der allwinterlichen Wiener Ballsaison mit über 300 Veranstaltungen, bei der jede Institution, jede Berufsgruppe, jeder Verein die Gelegenheit zum ausgelassenen Feiern nicht versäumen will. Prestigeträchtige Pflichttermine sind der Kaffeesieder-, Juristen- und Philharmonikerball, die Rudolfiner-Redoute und das Techniker-Cercle. Übrigens: Getanzt wird dabei nicht nur im Dreivierteltakt.

Bühnen der musischen Seele

Der ›Ring‹ ist nicht nur eine Prachtstraße mit einem steinernen Spalier repräsentativer Gebäude, sondern auch eine Art Schaufenster für Wiens musische Seele. Zum einen, weil hier Staatsoper und Burgtheater stehen, die beiden hehrsten Musentempel der Stadt. Zum anderen, weil der viereinhalb Kilometer lange Boulevard von den Wienern immer öfter zur Freiluftbühne umfunktioniert wird. Alljährlich Mitte Mai findet auf der großen Freifläche zwischen Rathaus und Burgtheater die Eröffnungsfeier der 1951 ins Leben gerufenen Wiener Festwochen statt. Das bis Mitte Juni wäh-

△ Beschauliches Dreimäderlhaus auf der Mölker Bastei

△ Heurigenatmosphäre auf dem Rathausplatz vor dem Burgtheater

△ Roßauer Kaserne mit Regimentsdenkmal

Imposante Haupttreppe der ›Neuen‹ Universität ▽

Zeitungen im Café ▽

Wo Politiker, Journalisten und Geschäftsleute aus und ein gehen: das Café ›Landtmann‹ neben dem Burgtheater ▽

rende Megafestival mit aktueller Bühnenkunst aus aller Welt an Dutzenden von Orten bildet mehr denn je den Höhepunkt im kulturellen Jahreslauf. Und wenn Zehntausende Superstars vom Schlage eines José Carreras, Placido Domingo oder Udo Jürgens bei der Eröffnungsveranstaltung auf dem Rathausplatz lauschen, ist das kostenlos. Wer bitte, kann das seinen Bürgern bieten?
Ein schrilles Bild bietet sich den Wienern, wenn im Juni die Lesben- und Schwulenszene der Stadt ihre Regenbogenparade abhält und Abertausende Frauen und Männer grellbunt geschminkt und kostümiert, musizierend, singend, tanzend und lachend die altehrwürdige Renommierstraße in Beschlag nehmen.

Alma Mater Rudolfina

Ein typisches Zeugnis des ausgehenden 19. Jahrhunderts ist die Universität zwischen Rathaus und Votivkirche: Der Bau ist stilistisch der italienischen Renaissance nachempfunden. Die Institution selbst wurde bereits 1365 gegründet. Sie ist damit die älteste Hochschule des deutschen Sprachraums und auch eine der ältesten Mitteleuropas. Die ›Alma Mater Rudolfina‹, wie sie nach ihrem Stifter, dem Habsburgerherzog Rudolf IV., heißt, kann auf eine Vielzahl renommierter Universitätslehrer zurückblicken. Die Büsten und Denkmäler unter den Arkaden rund um den stillen, grünen Innenhof gedenken einiger der namhaftesten: der Philosophen Ernst Mach und Moritz Schlick, der Physiker Christian Doppler und Ludwig Boltzmann, der Mediziner Gerard van Swieten, Theodor von Billroth und Philipp Semmelweis, der Seelenkundler Alfred Adler und Sigmund Freud, der Dichterin Marie von Ebner-Eschenbach und der Nobelpreisträger Karl Landsteiner und Julius Wagner-Lauregg.
Heute ist die Universität Wien mit 92 000 Studenten aus rund 130 Ländern und rund 6000 Mitarbeitern die größte Hochschule Österreichs. Den Mittelpunkt bilden das Stammhaus am Ring und das nahe gelegene ›Neue Institutsgebäude‹. Doch sind die 190 Institute ihrer acht Fakultäten auf fast hundert Adressen im gesamten Stadtgebiet verstreut.

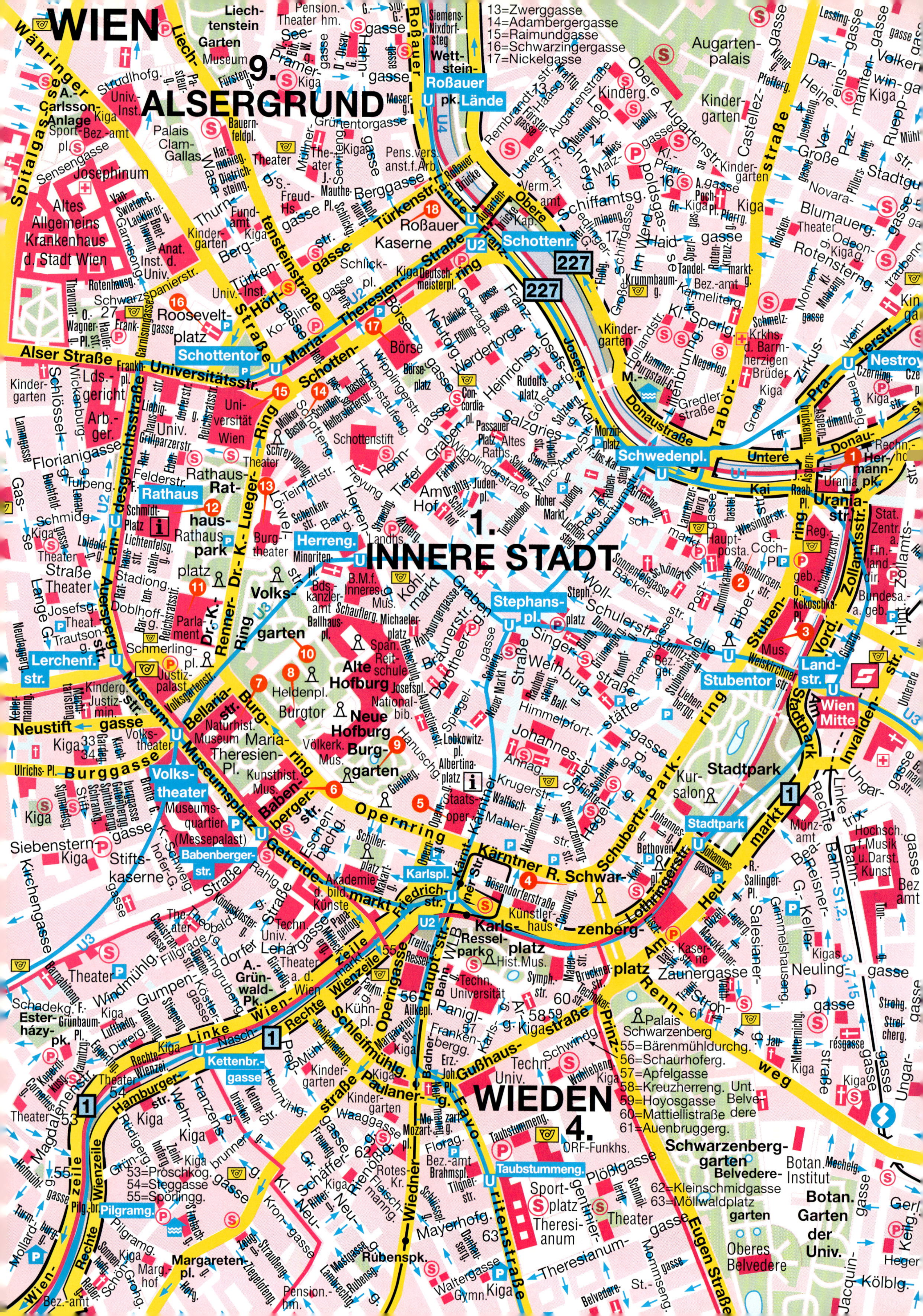
WIEN
9. ALSERGRUND
1. INNERE STADT
WIEDEN 4.
13=Zwerggasse
14=Adambergergasse
15=Raimundgasse
16=Schwarzingergasse
17=Nickelgasse
53=Pröschkog.
54=Steggasse
55=Spörlingg.
55=Bärenmühldurchg.
56=Schaurhoferg.
57=Apfelgasse
58=Kreuzherreng.
59=Hoyosgasse
60=Mattiellistraße
61=Auenbruggerg.
62=Kleinschmidgasse
63=Möllwaldplatz
Roßauer Lände
Schottenr.
Schottentor
Rathaus
Herreng.
Stephansplatz
Schwedenpl.
Stubentor
Landstr.
Wien Mitte
Stadtpark
Karlspl.
Taubstummeng.
Kettenbr.-gasse
Pilgramg.
Volkstheater
Babenberger-str.
Lerchenf. str.
Nestroypl.
Altes Allgemeins Krankenhaus d. Stadt Wien
Josephinum
Palais Clam-Gallas
Augartenpalais
Börse
Universität Wien
Rathauspark
Volksgarten
Alte Hofburg
Neue Hofburg
Burggarten
Heldenpl.
Burgtor
Burgtheater
Parlament
Naturhist. Museum
Kunsthist. Mus.
Museumsquartier (Messepalast)
Staatsoper
Karlsplatz
Ressel-park
Techn. Universität
Schwarzenberggarten
Belvedere-garten
Oberes Belvedere
Botan. Garten der Univ.
Alser Straße
Universitätsstr.
Schottenring
Dr.-K.-Lueger-Ring
Dr.-K.-Renner-Ring
Burgring
Opernring
Kärntner Ring
Schubertring
Parkring
Stubenring
Franz-Josefs-Kai
Donaukanal
Rechte Wienzeile
Linke Wienzeile
Mariahilfer Straße
Neustiftgasse
Burggasse
Wiedner Hauptstr.
Prinz-Eugen-Straße
Rennweg
Landstraßer Hauptstr.
Invalidenstr.
Schwarzenbergplatz
Graben
Kärntner Str.
Rotenturmstr.
Wollzeile
Singerstr.
Himmelpfortg.
Johannesg.
Gußhausstraße
Favoritenstraße
Margareten-pl.
Siebensterng.
Kirchengasse
Josefstädter Str.
Lange G.
Laudong.
Währinger Str.
Porzellang.
Liechtensteinstraße
Berggasse
Türkenstraße
Obere Donaustraße
Taborstraße
Praterstraße
Rubenspk.

Wo gibt es was?

Nadelnummer = Textnummer

Postsparkasse ①–②

Im Nordosten der Ringstraße, die Kaiser Franz Joseph ab 1857 anstelle der mittelalterlichen Befestigung anlegen ließ, kann man Architektur um 1900 studieren (U1, U4 Schwedenplatz): Nach Plänen Max Fabianis entstand 1909 die **Urania** ①, 1. Bez., Urania-Str. 1, ein Volksbildungshaus mit einer Sternwarte (mi, fr, sa 20, April–Sept. 21, so 11 Uhr). Ein Meisterstück moderner Architektur ist die **Postsparkasse** ②, Georg-Coch-Platz 2, von Otto Wagner (1904–12) gegenüber dem Feldmarschall-Radetzky-Denkmal. Ihr eleganter Kassensaal ist zu besichtigen (mo–fr 8–15, do bis 17.30 Uhr).

Museum für Angewandte Kunst ③

Das Museum für Angewandte Kunst MAK, 1. Bez., Stubenring 5 (U3 Stubentor), um 1870 von Heinrich von Ferstel im Stil der italienischen Renaissance erbaut, zeigt auf vielen Gebieten von Kunsthandwerk, Architektur und Design Österreichs hervorragend bestückte Sammlungen: u.a. Glas, Keramik, Metall, Möbel, Textilien, Teppiche (di–so 10–18, do bis 21 Uhr).

Staatsoper ④–⑤

Eines der repräsentativsten Ringstraßenpalais ist das **Hotel Imperial** ④, 1. Bez., Kärnter Ring 16 (U1, U2, U4 Karlsplatz). Wiens nobelste Herberge besitzt auch ein elegantes Kaffeehaus (tgl. 7–23 Uhr). Die **Staatsoper** ⑤, 1. Bez., Opernring 2, gegenüber, einst k.k. Hofoperntheater, ist neben dem Musikverein das Symbol für die Musikstadt Wien schlechthin. Von Eduard van der Nüll und August von Siccardsburg entworfen, wurde sie 1869 als erster Monumentalbau entlang der Ringstraße eingeweiht. Vom 1. Sept. bis 30. Juni wechseln die Opern im Programm fast tgl. Ihr Hausorchester, die Wiener Philharmoniker, garantieren im Verbund mit weltbesten Sängern höchstes Niveau. Ganzjährig tagsüber Führungen durch das Haus mit seinen reich verzierten Foyers und Sälen (Zeiten am Seiteneingang oder Tel. 51444-2613; Auskünfte zum Opernball Tel. 51444-2606; Opernkarten in allen Kartenbüros oder den Bundestheaterkassen, Wien 1, Hanuschg. im Hof, Stehplätze jew. 1 Std. vor Vorstellungsbeginn).

Kunsthistorisches Museum ⑥–⑨

Der Museumszwilling, 1. Bez., Maria-Theresien-Platz (U2, U3 Volkstheater), mit dem pompösen Maria-Theresia-Denkmal (1887, Kaspar von Zumbusch) zwischen den historistischen Fassaden, wurde von Gottfried Semper (Außengestaltung) und Karl von Hasenauer (Innenarchitektur) entworfen. Das **Kunsthistorische Museum** ⑥, beherbergt neben großartigen Kunstgewerbe- und Antikensammlungen eine der weltweit kostbarsten Gemäldegalerien mit Hauptwerken italienischer, französischer, spanischer und niederländisch-flämischer Malerei. Dazu passt die reiche Dekoration von Treppenhaus und Kuppelsaal mit Café, für die u.a. Gustav Klimt und Hans Makart verantwortlich zeichnen (di–so 10–18, do bis 21 Uhr). Auf seinem Gebiet extrem gut bestückt ist auch das **Naturhistorische Museum** ⑦ gegenüber (mi–mo 9–18 Uhr). Auf der anderen Seite des Rings bildet das **Äußere Burgtor** ⑧ ein würdiges Entree zum Heldenplatz. 1824 zum Gedächtnis an die Völkerschlacht bei Leipzig eingeweiht, wurde es 1933 zum Heldenmal umgewandelt. Im **Burggarten** ⑨, 1. Bez., Burgring/Opernring (U2 Babenbergerstraße) mit meisterhaftem Mozart-Denkmal (1896, Viktor Tigner) gibt es ein Schmetterlingshaus (April–Okt. mo–fr 10–17, sa/so/fei bis 18.30, Nov.–März tgl. 10–16 Uhr).

Parlament ⑩–⑪

Eine der schönsten Parkanlagen Wiens ist der um 1820 anstelle der von Napoleon in Schutt gelegten Burgbastei entstandene **Volksgarten** ⑩, 1. Bez., Dr.-Karl-Renner-Ring (U3 Herrengasse), mit seinen im Frühsommer in allen Farben blühenden Rosen, Denkmälern für Kaiserin Elisabeth (1907) und Franz Grillparzer (1889) und Theseus-Tempel (1823) in der Mitte; die Meierei lädt zu Kaffee und Mehlspeise (April–Okt. tgl. 8–22 Uhr). Im **Parlament** (1873–83, Theophil Hansen) ⑪, Dr. Karl-Renner-Ring 3 (U2 Lerchenfelder Straße), in der Form eines korinthischen Tempels walten National- und Bundesrat ihres Amtes. Der Pallas-Athene-Brunnen (1902) davor mahnt an die Ideale der Demokratie (Führungen mo–fr 11 u. 15, Mitte Juli–Mitte Sept. auch 9, 10, 13 u. 14 Uhr, sa/so nach Voranmeldung Tel. 01/40110-2211).

Rathaus ⑫

Das **Rathaus** (1872–83), 1. Bez., Rathausplatz (U2 Rathaus), ein Werk des seinerzeitigen Kölner Dombaumeisters Friedrich von Schmidt, ist Sitz der Wiener Stadt- und Landesregierung. Seine filigranen Spitzbogenfenster, Loggien, Balkone und Arkaden machen es zum Inbegriff eines neogotischen Prunkbaus. Auf dem knapp 100 m hohen Hauptturm wacht der 6 m große, metallene ›Rathausmann‹ über die Stadt. Führungen durch das Haus schließen den kolossalen Festsaal und den Arkadenhof mit ein (mo, mi, fr 13 Uhr außer an Sitzungstagen, Auskünfte Tel. 52550).
Im **Rathauspark**, nördlich und südlich vom Rathausplatz, stehen viele exotische Bäume und zahlreiche Denkmäler Wiener Größen, u.a. für die Komponisten Johann Strauss Vater und Joseph Lanner. **Veranstaltungen** auf dem Rathausplatz: Eröffnung der Wiener Festwochen (Mai); Musikfilmfestival, Konzert- und Opernfilme auf Großleinwand (Juli/Aug.; Programm auf Plakaten und in den Tageszeitungen).

Burgtheater ⑬–⑮

Das **Burgtheater** ⑬, 1. Bez., Dr.-Karl-Lueger-Ring 2 (U2 Rathaus, U3 Herrengasse), der hochverehrte Hort deutschsprachiger Schauspielkunst, wurde als einer der letzten großen Ringstraßenbauten 1888 eröffnet. Die Architekten Gottfried Semper und Karl von Hasenauer schufen hinter der nach dem Vorbild der italienischen Hochrenaissance gestalteten Fassade eine imposante, wenn auch traditionelle Guckkastenbühne. Der in Logen und Ränge gegliederte Zuschauerraum fasst 1500 Personen. Foyers und Feststiegen sind, dem Geschmack des Historismus gemäß, mit Fresken und Büsten reich dekoriert (Führungen Juli/Aug. mo, mi, fr 13, 14, 15 Uhr, sonst auf Anfrage Tel. 51444-2613). Eine klassische Kaffeehaus-Adresse ist das benachbart liegende **Café Landtmann**, Dr.-Karl-Lueger-Ring 4 (tgl. 8–24 Uhr).
Heute **Beethoven-und Stifter-Museum** ⑭ ist das Pasqualatihaus, 1. Bez., Mölkerbastei 8 (U2 Schottentor), wo der Meister von 1804 bis 1815 wiederholt wohnte und u.a. ›Fidelio‹, das Violinkonzert sowie mehrere Symphonien komponierte. Seit 1979 wird hier auch des Dichters Adalbert Stifter (1805–1868) gedacht (di–so 9 bis 12.15 u. 13–16.30 Uhr).
Heinrich von Ferstel, Schöpfer des Museums für Angewandte Kunst, gestaltete 1883 auch das Stammhaus der **Wiener Universität** ⑮, 1. Bez., Dr.-Karl-Lueger-Ring 1 (U2 Schottentor). Der Stil der italienischen Renaissance weist auf das Geburtsland des abendländischen Hochschulwesens hin. Im Arkadenhof stehen etliche Denkmäler international berühmter Wissenschaftler, die hier seit der Eröffnung tätig waren (werktags tagsüber freier Zugang).

Schottenring ⑯–⑱

Zum Dank für die Errettung bei einem Attentat ließ Kaiser Franz Joseph die **Votivkirche** ⑯ (1856–79, Heinrich von Ferstel), 9. Bez., Rooseveltplatz (U2 Schottentor), im Stil der französischen Gotik erbauen. Zu Füßen der beiden Türme (99 m) des riesigen, aber feingliedrig wirkenden Baus erinnert der **Sigmund-Freud-Park** an den Begründer der Psychoanalyse. Die **Börse** (1877, Theophil Hansen) ⑰, 1. Bez., Eingang Strauchg. 1–3 (U2 Schottenring), wurde hinter der ziegelroten Neorenaissance-Fassaden nach einem Brand 1956 modern gestaltet (keine Besichtigung). Ziegelbau ist auch die **Roßauer Kaserne** ⑱, 9. Bez., Schlickplatz 6. Den mächtigen Bau im Windsorstil nutzt jetzt die Polizei.

Maßstab 1:12.500 (0 150 300 450 600 m)

Brunnen mit allegorischen Figuren ließ Kaiserin Maria Theresia nicht nur vor dem Schloss, sondern auch vielerorts im Park von Schönbrunn errichten.

Schloss Schönbrunn im noblen Westen

Mit über 1,5 Millionen Besuchern jährlich führt die Sommerresidenz der Habsburger die Hitliste der Wiener Sehenswürdigkeiten an, gefolgt vom Zoo Schönbrunn, den über 1,3 Millionen Tierfreunde jedes Jahr aufsuchen. Auch Schönbrunns Kulturangebot kann sich sehen lassen: Schlosstheater, Marionettentheater, Kammermusik in der Orangerie ... Etwas für Architekturspezialisten sind die Bauten der frühen Moderne, die Hietzinger Villen von Adolf Loos etwa, die Villa seines Lehrers Otto Wagner in Hütteldorf oder die Werkbundsiedlung in Ober St. Veit.

△ Der Blick vom Dach der Gloriette auf Schloss und Park Schönbrunn ist für jeden Wien-Besucher Pflicht

△ Prunkkutsche aus der Sammlung der Wagenburg

Schloss: Maria Theresias Großes Rosa-Zimmer ▽

Der Mittelpunkt der Prunkräume: die Große Galerie ▽

△ Besonders junge Zuschauer lieben das Marionettentheater im Schloss

Aus der Zeit Maria Theresias stammen die Rokoko-Räume von Schloss Schönbrunn. Maria Theresias Sohn Joseph II. nutzte den 1200-Zimmer-Komplex für große Feste – ganz entgegen seinem sonst eher spartanischen Wesen. Später logierte in den 180 Meter langen Mauern zweimal für kurze Zeit Napoleon. Und sein Sohn, der Herzog von Reichsstadt, starb hier 1832, gerade erst dem Knabenalter entwachsen.

Von der Kaiserresidenz ...

Franz II. erhob Schönbrunn zur ›dauernden Residenz der österreichischen Kaiser‹. Franz Joseph I., der den Habsburgerthron sagenhafte 68 Jahre (1848–1916) innehatte, machte es zum zweiten Regierungssitz. An die 250 000 Audienzen soll er insgesamt allein in Schönbrunn gegeben und sich an deren Ende mit den immer gleichen legendären Worten verabschiedet haben: ›Es war sehr schön. Es hat mich sehr gefreut‹. Die Große Galerie nutzt auch Österreichs republikanische Regierung noch gerne, um in dem aristokratischen Ambiente für ihre offiziellen Gäste erlesene Diners und Feste zu geben. Und wer will, kann sich in den Weißgoldzimmern mit Schlosspark-Blick das Jawort geben.

... zum Mietshaus

Seit nunmehr bereits drei Generationen beherbergt das Schloss nur noch Normalbürger, die das Glück hatten, von ihren Eltern mit einer der insgesamt 180 Mietwohnungen beerbt zu werden oder eine solche selbst auf dem freien Markt zu ergattern. Dabei darf man sich nicht stuckverzierte Säle vorstellen. Vielmehr handelt es sich um eher nüchterne, wenn auch den heutigen Komfortbedürfnissen angepasste 50 bis 235 Quadratmeter große Wohnungen. Drei Viertel von ihnen liegen in den Nebentrakten des Schlosses. Nur etwa vierzig Parteien sind im Hauptgebäude zu Hause. Und wiederum nur ein Teil von ihnen genießt vom Wohnzimmerfenster aus den Traumblick auf Park und Gloriette. Wofür er allerdings für Wiener Verhältnisse auch üppige zwanzig Mark pro Quadratmeter und Monat als Miete berappen muss.

△ 110 Meter lang und 30 Meter hoch ist die Eisenkonstruktion des Palmenhauses im Westteil vom Park Schönbrunn

△ Schönbrunns Gartenparterre mit Neptunbrunnen und Gloriette

△ Im Tiergarten: kaiserlich, der Frühstückspavillon, ...

... publikumswirksam, die Fütterung der Seehunde ▽

Zählt zu den großen Vergnügen jedes Schönbrunn-Besuchs: ein Spaziergang durch das Alleenlabyrinth des weitläufigen Parks ▽

Im Schlosspark Schönbrunn ...

Genauso verspielt-manieriert wie Maria Theresia ihre Räume dekorieren ließ, gestaltete sie auch weite Teile des über zwei Quadratkilometer großen Schlossparks. Den geometrischen Prinzipien der französischen Gartenkunst folgend, sind seine Kieswege und Alleen schnurgerade, die Bäume und Hecken beschnitten und gestutzt, wachsen selbst die Blumen im zentralen Gartenparterre streng in Reih und Glied, wobei sie komplizierte, kunstvolle Muster bilden.

Der Wille, die Natur wenigstens in den Gärten zu zähmen und romantisch-poetisch zu idealisieren, spiegelt sich auch in der Fülle architektonischer Akzente wider. Da stößt der Spaziergänger auf einen Obelisken, auf eine efeuüberwachsene Römische Ruine, auf einen von Najaden bevölkerten Brunnen. Mythologische Gestalten säumen steingewordenen den Weg. Und aus einer künstlichen Grotte sprudelt, von einer Quellnymphe bewacht, das Wasser jenes ›Schönen Brunnens‹, dem das Schloss seinen Namen verdankt. Als graziöse Krone auf einer Anhöhe steht die Gloriette, unter deren Arkaden die Kaiserin nach ihren Jagdausritten den Fünf-Uhr-Tee einnahm.

... weht ein neuer Wind

Schloss und Park präsentierten sich lange ziemlich verstaubt und desolat. Seit jedoch die Republik Österreich 1992 das Nationalheiligtum in seiner Gesamtheit privatisiert hat, ist es vom Wind der Neuerung durchweht. Ein Großteil der Gebäude erstrahlt mittlerweile innen und außen in neuem Glanz. Den Zoo mit seinen heute rund 750 Tierarten, der 2002 seinen 250. Geburtstag feiert und als älteste noch erhaltene Menagerie der Welt gilt, hat man zum Wohl der Tiere modernisiert. Mehrere Kaffeehäuser sowie zeitgemäße Buch- und Souvenirläden sind eingezogen.

Außerdem strotzt die alte Residenz vor kultureller Energie: So kann man in den lichtdurchfluteten Hallen der Orangerie das ganze Jahr über am Abend Kammermusik-Konzerten lauschen. Ein Marionettentheater entzückt Groß und Klein mit seinen hochmusikalischen Puppen. Und im

△ Auf der Terrasse des Cafés ›Dommayer‹ in Hietzing hatte schon Johann Strauss im Sommer zum Tanz aufgegeigt

△ Otto Wagners Kirche am Steinhof von außen ... ... und von innen ▽

△ Ein Bau aus Betonblöcken: die Wotruba-Kirche in Mauer

Die Wagner-Villa in der Hüttelbergstraße bewohnt heute Ernst Fuchs ▽

Schlosstheater, Wiens einzigem noch bestehenden Barocktheater, gastiert im Sommer die Wiener Kammeroper mit ihren Mozart-Inszenierungen.

Unverfälschtes k.u.k.-Flair

Die Umgebung verströmt noch viel unverfälschtes k.u.k.-Flair. Kein Wunder, gehörte es doch seit dem Biedermeier zum guten Ton, in der Nähe des Kaiserhauses zu wohnen. Und das möglichst hinter einer in warmem ›Schönbrunnergelb‹ getünchten Fassade. Pompösestes Relikt dieser Epoche ist das Parkhotel, jene seinerzeit ultraluxuriöse Herberge, in der des Kaisers hohe Gäste logierten. Auch Thomas Alva Edison wohnte hier, als er 1909 persönlich den Einbau der elektrischen Installationen im Schloss überwachte.

Wer das Klischee liebt, kehrt im Café ›Dommayer‹ ein. Hier, im Nabel des Nobelbezirks Hietzing, wo seinerzeit Johann Strauss regelmäßig zu Walzer und Polka aufgeigte, begegnet man dem Wiener Bürgertum par excellence. Man sieht benerzte ältere Damen über Baiser mit Schlag gebeugt im Plausch mit der Jeunesse dorée, die die Schule schwänzt und dabei den Kauf von Cabriolets und Surfbrettern erörtert.

Meilensteine der Moderne

Wichtige Spuren hinterließen in Wiens westlichen Randbezirken auch führende Architekten der frühen Moderne. Adolf Loos, der erklärte Feind jeglichen funktionslosen Ornaments, baute in Hietzing mehrere kleine Villen. Sein Lehrer Otto Wagner schuf sich im Nachbarbezirk Penzing eine Nobelvilla, heute bewohnt vom Maler und Grafiker Ernst Fuchs, prominentem Vertreter der Schule der Phantastischen Realisten, der sich nach eigenen Worten ›ausschließlich mit phantastischen Bildinhalten‹ beschäftigt.

Zum ›Schaufenster‹ der modernen Baukunst wurde die Werkbundsiedlung in Ober St. Veit. Für sie entwarf die Crème de la crème der internationalen Architekten – von Hoffmann und Loos über Richard Neutra und Gerrit Rietveld bis Hugo Häring und Oswald Haerdtl – 1930 siebzig Musterhäuser, die nicht nur funktionell und ästhetisch, sondern auch ausgesprochen erschwinglich waren.

WIEN
14. PENZING
Hütteldorf
Hacking
Ober St. Veit
Unter St. Veit
Unter-baumgarten
Ober-baumgarten
Breitensee
Penzing
15. RUDOLFSHEIM-FÜNFHAUS
12. MEIDLING
13. HIETZING
Lainz
Schloß Schönbrunn
Tiroler Garten
Hietzing
Wien Hütteldorf
Hütteldorfer Straße
Linzer Straße
Hadikgasse
Hietzinger Kai
Lainzer Straße
Flötzersteig
Lainzer Tunnel (in Planung)
Frachtenbahnhof
Psychiatr. Krankenhaus der Stadt Wien Baumgartner Höhe
Pulmologisches Zentrum
Otto-Wagner-Villa
Roter Berg 262
Trazerberg 277
Girzenberg 285

Wo gibt es was?

Nadelnummer = Textnummer

Schloss Schönbrunn ①

Zugänge zu Schloss Schönbrunn, 13. Bez.: Haupteingang am Ende der Schönbrunner Schlossstraße (U 4 Schönbrunn), Hietzinger Tor, Hietzinger Hauptstraße (U 4 Hietzing), Meidlinger Tor, Grünbergstraße (U 4 Meidling).

Geschichte: Am Anfang stand die sogenannte Kattermühle, ein bürgerlicher, von Wiesen und Wäldern umkränzter Gutsbesitz. Mitte des 16. Jh. erwarb Maximilian II. das malerische Anwesen am Ufer des Wienflusses und verwandelte es in ein stattliches Jagdschloss, umgeben von Gärten und Teichen. Zweimal verwüsteten die Türken das kaiserliche Refugium. Kaiser Leopold I. ließ es unter dem Hofarchitekten Johann Bernhard Fischer von Erlach als Sommerresidenz (1695–1700) wieder auferstehen. Seine heutige Form erhielt Schloss Schönbrunn Mitte des 18. Jh. unter Maria Theresia, die es durch Nicolaus Pacassi erweitern, aufstocken und mit einem Steildach versehen ließ.

Innen: Das Hauptwerk jener Zeit ist das im Stil des Rokoko umgestaltete Innere. Von den rund 1200 Räumen sind 39, freilich die prachtvollsten, als **Schauräume** öffentlich zugänglich: die Kleine und Große Galerie, der Zeremoniensaal, das Rösselzimmer, das Große Rosa-Zimmer, der Spiegelsaal, die Arbeits- und Schlafzimmer des Kaiserpaares und andere kostbar möblierte Gemächer und Kabinette wie das Vieux-Laque-, Napoleon- und Millionenzimmer (Führungen mind. 1 Std., tgl. April bis Okt. 8.30–17, Nov.–März 8.30–16.30 Uhr; Kinderführungen sa/so/fei 10.30 u. 14.30 Uhr. Eingang im linken Bereich der Hauptfassade im Ehrenhof).

Vom Foyer zu den Schauräumen aus betretbar ist die ebenfalls im mariatheresianischen Rokoko ausgestattete **Schlosskapelle** (um 1700) im Osttrakt; Deckenfresko ›Apotheose Maria Magdalenas‹ (1744), Hochaltarbild ›Marias Vermählung‹ von Paul Troger (zugänglich zu den Messen mo–sa 8–8.30, so 7.30–11 Uhr). Im Erdgeschoss des Osttrakts liegen die Gartenappartements oder **Bergl-Zimmer**, ausgemalt mit duftigen illusionistischen Bildern romantischer Landschaften und exotischer Gartenszenen von Johann Bergl, einem Schüler Paul Trogers (zugänglich bei Ausstellungen).

Museum: Ein westlicher Nebentrakt birgt die **Wagenburg** mit über 60 prunkvollen Staatskarossen, Schlitten, Reisesänften, Trauerwagen aus dem Barock (April–Okt. tgl. 8–18, Nov.–März di–so 10–16 Uhr).

Veranstaltungen: Das **Schlosstheater** in einem westlichen Seitentrakt wird im Wechsel von der Wiener Kammeroper und Wiens bester Schauspielschule, dem Reinhardt-Seminar, bespielt (Karten-Info Tel. 8464272; Juli/Aug. auch Tel. 8774566). Das **Marionettentheater** gegenüber in einem östlichen Seitentrakt inszeniert ganzjährig Musikstücke, vor allem Mozartopern u. Operetten, und ist besonders für Kinder geeignet (Karten-Info Tel. 8173247). In der **Orangerie** dahinter finden ebenfalls ganzjährig stimmungsvolle Kammermusik-Konzerte statt (Tel. 8125004).

Schlosspark ②

Hauptattraktion des weitläufigen, im französischen Stil des Spätbarock gestalteten Schlossparks sind die mit großem Aufwand gepflegten, strikt geometrischen Blumenbeete, Rosarien, Hecken und Alleen. Dazwischen findet sich eine Fülle interessanter Skulpturen, Brunnen und Gebäude (kostenlos zugänglich tgl. 6 Uhr bis Einbruch der Dunkelheit): Südöstlich des zentralen Gartenparterres mit dem **Neptunbrunnen** am hinteren Ende liegen eine **Meierei** für die Kaffeepause (April bis Okt. tgl. 10 Uhr bis Parksperre), der romantische Nachbau einer **Römischen Ruine** mit sommerlichen Opernaufführungen unter freiem Himmel (Karten-Info Tel. 51308510), ein **Obelisk** und hügelaufwärts ein großes **Sport- und Freibad** (Tel. 8150132).

Im westlichen Bereich befindet sich der **Tiergarten Schönbrunn**, eine 1752 eröffnete, modernisierte original-barocke Anlage (tgl. Nov.–Jan. 9–16.30, Febr., Okt. 9–17, März 9–17.30, April 9–18, Mai bis Sept. 9–18.30 Uhr). Nördlich davon birgt die Eisen-Glas-Konstruktion des **Palmenhauses** eine große Sammlung exotischer Pflanzen, die den Besucher in tropische Gefilde versetzen (tgl. Mai–Sept. 9.30 bis 17.30, Okt.–April 9.30–16.30 Uhr). Nach historischem Vorbild aus dem 17. Jh. angelegt wurde der **Irrgarten** (40 x 40 m). Südlich des Zoos liegen der **Botanische Garten** und erhöht der naturbelassene **Tiroler Park**, wo man einen alten Tiroler Bauernhof (1722) wieder auf- und zur urigen Jausenstation ausgebaut hat.

Krönung des Schlossparks ist die über dem Neptunbrunnen auf einer Hügelkuppe thronende **Gloriette**, erbaut 1756 aus Anlass eines Sieges über die Preußen. Ihr Dach kann man besteigen (April–Okt. tgl. 9–17 Uhr). Innen beherbergt sie ein Kaffeehaus (tgl. 8 Uhr bis Einbruch der Dunkelheit).

Hietzinger Villen ③–⑦

Imperialen Glanz besitzt immer noch das **Parkhotel Schönbrunn** ③, 13. Bez., Hietzinger Hauptstr. 10–20 (U 4 Hietzing). Klassisch-wienerisch ist das **Café Dommayer** ④, Dommayerg. 1, mit schönem Garten (tgl. 7–24 Uhr). Ein kurzer Spaziergang führt zu Josef Hoffmanns repräsentativer **Villa Skywa-Primavesi** (1915) ⑤, Glorietteg. 18. Zwei wichtige Bauten von Adolf Loos (1912 u. 1910) sind das **Haus Scheu** ⑥, Larochegasse 3 (U 4 Braunschweiggasse), und das **Haus Steiner** ⑦, St.-Veit-Gasse 10 (U 4 Unter St. Veit).

Werkbundsiedlung ⑧

Zu den wichtigsten Manifestationen der klassischen Moderne gehört die Werkbundsiedlung, 13. Bez., Jagdschlossg./Veitingerg. (Bus 54 B ab U 4 Ober St. Veit), für die international renommierte Architekten von 1930 bis 1932 insgesamt 70 verschiedene, preiswert zu errichtende Musterhäuser schufen. Alle genannten Häuser sind bis heute bewohnt und daher nur von außen zu besichtigen.

Otto-Wagner-Villa ⑨

Jenseits des Wienflusses, in Penzing, hinterließ Otto Wagner eine prachtvolle Villa, 14. Bez., Hüttelbergstr. 26, die der Meisterarchitekt 1912/13 für sich selbst schuf (ab U 4 Hütteldorf zehn Minuten zu Fuß). Heute wohnt darin der bekannte Wiener Künstler Ernst Fuchs (*1930); Besichtigung nach Vereinbarung, Tel. 9147586.

Kirche am Steinhof ⑩

Auf der Baumgartner Höhe, einem Abhang des Wienerwalds, 14. Bez. (Buslinien 47 A und 48 A), schuf Otto Wagner das sakrale Hauptwerk des Wiener Jugendstils: die dem hl. Leopold geweihte Kirche am Steinhof (1904–07). Der würfelförmige Bau besticht im Inneren durch seine Strenge sowie die von Kolo Moser, Mitbegründer der Wiener Werkstätten, entworfenen Glasmosaiken (Führungen sa 15 Uhr).

Die Kirche steht auf dem Gelände einer Nervenheilanstalt, deren gesamte Anlage mit ihren 61 Pavillons ebenfalls auf Plänen Otto Wagners gründet.

Technisches Museum ⑪

Das kurz vor dem Ersten Weltkrieg erbaute Technische Museum für Industrie und Gewerbe, 4. Bez., Mariahilfer Str. 212 (U 4 Schönbrunn), dokumentiert umfassend die Meisterleistungen österreichischen Erfindergeistes (mo–sa 9–18, do bis 20, so 10–18 Uhr).

Zur Heiligsten Dreifaltigkeit

Auf Mauers Georgenberg (südwestl. außerhalb dieser Karte, siehe Karte Seite 106) liegt die Kirche Zur Heiligsten Dreifaltigkeit, 23. Bez., Ecke Georgsg./Ryserg. (Bus 60 A ab S-/R-Station Liesing). Mit ihr wurde 1976 das Konzept einer ›Gebäudeskulptur‹ des österreichischen Bildhauers Fritz Wotruba (1907–1975) aus 152 asymmetrisch aufgetürmten riesigen, gegossenen Betonkuben verwirklicht (do u. fr 14–16, sa 14–20, so 9–17 Uhr).

Maßstab 1:20.000

0 200 400 600 800 1.000 m

Hier hängt der Himmel voller Geigen: das Geschäft in der Canovagasse von Otmar Lang, Violinenbauer der Wiener Philharmoniker.

Durch das Wiental zum Belvedere

Vor allem das untere Wiental – zwischen Naschmarkt, Karlsplatz und Stadtpark – ist das Reich der Musen. Hier reiht sich ein Kulturtempel an den anderen. Berühmtester ist sicherlich der Musikverein. Geht sein Neujahrskonzert der Wiener Philharmoniker doch jedes Jahr via Satellit um die Welt. Österreichische Kunst der Moderne mit Barockambiente vereint das Obere Belvedere. Mittelalter- und Barockkunst zeigt das untere der beiden Schlösser. Die Militärgeschichte der Habsburger dokumentiert das Heeresgeschichtliche Museum.

△ Ein Fachgeschäft für Essig auf dem Naschmarkt

△ Wirtin Elfriede Schachinger heißt Gäste in den ›Drei Buchteln‹ willkommen

Ein klassisches Beisl: der ›Ubl‹ auf der Wieden ▽

△ Naschmarkt: Zahllos sind die Imbiss-Stände für den Hunger zwischendurch

△ Frisches Obst und Gemüse bietet der Naschmarkt, ... eher angestaubte Trouvaillen der Flohmarkt an der Kettenbrücke ▽

›In Wien beginnt der Balkan.‹ Der berühmte Ausspruch Fürst Metternichs bewahrheitet sich kaum irgendwo so sehr wie auf den zahlreichen Märkten der Stadt. Größter multikultureller ›Basar‹ ist der Naschmarkt: ein riesiger, deftiger Viktualienmarkt mit einer gehörigen Prise östlichen Flairs. Auch etliche Außenbezirke bewahren noch solche Refugien bodenständiger, heute allerdings mehrheitlich von Zuwanderern aus Südosteuropa oder der Türkei organisierter Nahversorgung: etwa der Brunnenmarkt im 16., der Meiselmarkt im 15., der Meidlinger Markt im 12. und der Rochusmarkt im 3. Bezirk.

Im schummrigen Licht alter Laternen nach Originellem aus örtlichen Kunsthandwerkstätten stöbern, Lebkuchen und Zuckerwatte knabbern, heißen Tee trinken kann man auf den Advent- oder Christkindlmärkten vor Rathaus, Karlskirche und Schloss Schönbrunn, am Spittelberg, auf der Freyung und im Heiligenkreuzerhof nahe des Fleischmarkts – im Idealfall mit verschneiten Ständen.

Ins Beisl um die Ecke

Studentencafés und -bars, Griechen, Türken, Italiener säumen die engen, abschüssigen Gassen von Mariahilf, dem 6. Bezirk, nahe dem Flohmarkt. Auch südlich des Wienflusses, in Margareten, ist ein regelrechtes kulinarisches ›Grätzl‹, ein Bezirk im Bezirk, entstanden. Dort, in den Seitengassen der Schönbrunner- und Margaretenstraße, finden passionierte und erlebnishungrige Gourmets eine Vielzahl uriger Beisln wie die Wiener diese preisgünstigen Stadtlokale nennen: den ›Ubl‹ in der Pressgasse, wo man neben einem Kanonenofen und einer Schank aus dem 19. Jahrhundert an Holztischen sitzend, Klassiker der Wiener Küche vom Schnitzel über Sülze bis zum Zwiebelrostbraten serviert bekommt. Oder das ›Schloss-Quadrat‹ in der gleichnamigen Gasse, ein Verbund mehrerer Traditionslokale, in deren romantischen Gewölben – und sommers auch idyllischen Innenhofgärten – ein eher schickes Publikum Altwiener Gaumenfreuden genießt. Das böhmische Erbe halten die ›Drei Bucheln‹ in der Wehrgasse lebendig, wo man noch echte Grammel-

△ Joseph Maria Olbrichs Secession

Zwei Wagner-Häuser an der Wienzeile ▽

△ Das Künstlerhaus, einen wichtigen Ausstellungsort, ›bewachen‹ insgesamt acht Kolossalstatuen

Ein Blick in die Bibliothek der Akademie der Bildenden Künste ▽

△ Karyatiden rahmen den Goldenen Saal des Musikvereins

Jugendstil par excellence: das Dach des Hauses Linke Wienzeile 38 ▽

knödel und Powidltascherln, mit Plaumenmus gefüllte Teigtaschen, und dazu ein gepflegtes Pilsener oder Budweiser kredenzt.

Die Musikmetropole lebt!

Alljährlich am 1. Januar wird via Fernsehsatellit in die Wohnzimmer von München bis Tokio das Neujahrskonzert aus dem Goldenen Saal des Musikvereins übertragen. Hier ist die gediegene Klassik immer noch zu Hause. Doch schon das nahe Konzerthaus dient der arrivierten Moderne als Heimstatt. Daneben haben sich Dutzende anderer Spielorte für alle nur erdenklichen Musikstile etabliert: von den traditionsreichen Adressen für Dixieland-, Blues- und Boogie-Fans wie dem ›Jazzland‹ im 1. Bezirk über altgediente Alternativbühnen für alle Arten von Punk, Rock, Rave und Reggae wie der ›Szene Wien‹ im 11. oder der ›Arena‹ im 3. Bezirk bis zu den neuen Tempeln des musikalischen Zeitgeists wie ›Chelsea‹ oder ›B 72‹, die in den jüngst revitalisierten Stadtbahnbögen entlang des Gürtels eingezogen sind.

Sorge Orchester-Nachwuchs

Seinen Ruf als ›Welthauptstadt der Musik‹ verdankt Wien nicht nur seinen glanzvollen Aufführungsstätten sowie den Komponisten Beethoven, Haydn, Mozart, Bruckner, Brahms, Mahler und Strauss. Auch seine Musikschulen, die Orchester und Instrumentenbauer tragen dazu maßgeblich bei. Die Flügel der Klavierfabrik Bösendorfer, die Violinen des Otmar Lang, die allabendliche Präsenz der Philharmoniker in der Staatsoper, deren Repertoire weltweit konkurrenzlos ist – sie alle sind Synonyme für erlesene Klangkultur. Und ein Studium am hiesigen Konservatorium oder an der Hochschule gilt, seit längerem auch in Fernost, als Garant für eine profunde Ausbildung.

Doch hinter der glänzenden – und devisenträchtigen – Fassade steht längst nicht mehr alles zum Besten: Die gemessen an der Einwohnerzahl überdurchschnittlich zahlreichen Orchester leiden an akutem Nachwuchsmangel. Die Gründe: Das amateurhafte (Kammer-)Musizieren, dem das Wiener Bürgertum in der Freizeit

△ Karlskirche mit Moore-Plastik ›Hill-Arches‹

Gebäude der Technischen Universität ▽

Jugendstilbauten von Friedrich Ohmann und Josef Hackhofer im Stadtpark entlang des Wienflusses ▽

△ Grüne Oase Stadtpark: Teich mit Uhrturm .... und der Kursalon, wo man zu Walzerklängen das Tanzbein schwingen kann ▽

einst besonders eifrig frönte, ist aus der Mode gekommen. Und die Töchter aus gutem Hause schwitzen statt vor dem Klavierlehrer lieber in der Disko. Der früher äußerst fruchtbare Nährboden für die Gilde der Profimusiker droht solcherart auszutrocknen. Zudem konzentrieren sich immer mehr Hochschüler statt auf eine Orchester- auf eine Solistenkarriere. Sogar die Philharmoniker klagen: Sie sehen den legendären ›Wiener Klang‹, den vor allem ihre Streicher und Bläser als letztes Ensemble lupenrein kultivieren, mittelfristig arg gefährdet.

Barocke Baulust

Nachdem die kaiserlichen Truppen 1683 den Ansturm der Osmanen auf den ›Goldenen Apfel‹, wie jene die Hauptstadt des Heiligen Römischen Reiches nannten, abgewehrt und den Erzfeind bis tief in den Balkan zurückgedrängt hatten, atmeten alle Habsburger und mit ihnen das ganze Abendland auf. Sichtbarer Ausdruck ihres Triumphgefühls und ihrer Dankbarkeit gegenüber Gott ist die himmelhochjauchzende Barockarchitektur, wie sie sich nicht nur im Belvedere, sondern auch in Kirchen, Palais, Bürgerhäusern seit dem frühen 18. Jahrhundert zeigt.

Die Gefahr aus dem Osten war gebannt, also konnte man guten Gewissens das bisherige Glacis, die den Stadtmauern zur besseren Verteidigung vorgelagerte Freifläche, bebauen. Prächtige Adelspaläste – der Schwarzenberg, Schönborn, Trautson und anderer – entstanden und zugleich aus Dankbarkeit für den parallel errungenen Sieg über die Pest die von Johann Bernhard Fischer von Erlach entworfene Karlskirche.

Moderne Galerie im Belvedere

Es sind vor allem die Bilder von Klimt und Schiele, die jedes Jahr fast eine halbe Million Kunstfreunde in die Österreichische Galerie im Oberen Belvedere locken. Gustav Klimt, der mit seinen symbolträchtigen Kompositionen, in deren flächenhaftem Stil sich Figürliches mit ornamentalen Elementen zu raffiniert dekorativen Wirkungen verbindet, zum Mitbegründer des Jugendstils wurde, ist unter ande-

△ Die im Stil der Art Nouveau errichtete französische Botschaft verleiht dem Schwarzenbergplatz ein wenig Pariser Flair

△ Im Oberen Belvedere feierte Prinz Eugen rauschende Feste

△ Das Russendenkmal auf dem Schwarzenbergplatz

Viel fotografiert: Blick vom Oberen Belvedere auf die Innenstadt ▽

Der Stolz des Barockmuseums im Unteren Belvedere: Georg Raphael Donners Originalbronzen des Providentia-Brunnens ▽

rem mit seinem wohl berühmtesten Werk, dem ›Kuss‹, vertreten. Und auch von Klimts Zeitgenossen und Freund Egon Schiele, der sich recht bald von der bloßen Ornamentik ab- und einer entblößenden, seinerzeit als Pornographie verurteilten Expressivität zuwandte, sind etliche Hauptwerke zu sehen.

Prinz Eugens Sommersitz

Schloss Belvedere, heute ganz in der Nähe des Südbahnhofs gelegen, schuf Lukas von Hildebrandt, das neben Fischer von Erlach zweite große Architekturgenie des Barock, im Auftrag des Prinzen Eugen. Der aus Savoyen stammende Feldherr, der durch seine erfolgreichen Schlachten gegen die Türken zu immensem Reichtum gekommen war, leistete sich einen aus zwei Palästen bestehenden Sommersitz, der in seinem Luxus der kaiserlichen Sommerresidenz von Schönbrunn nur wenig nachstand.
Zu Wohnzwecken nutzte er nur das sogenannte Untere Belvedere. Das majestätisch auf einer Hügelkuppe thronende Obere Schloss diente ihm ausschließlich für seine verschwenderischen Feste. Inzwischen hat dieser üppig ausgestattete und dennoch grazile Bau für die Österreicher nicht nur stil-, sondern auch zeitgeschichtliche Bedeutung: In seinem Marmorsaal besiegelten am 15. Mai 1955 die Außenminister der vier Besatzungsmächte mit der Unterzeichnung des Staatsvertrags Österreichs wiedergewonnene Unabhängigkeit.

Immer wieder Sarajevo

Die gesamte vielhundertjährige Geschichte der habsburgischen Armee und Marine dokumentieren die unzähligen Uniformen, Schiffsmodelle, Feldzeichen, Waffen, Trophäen, Dokumente und Gemälde des Heeresgeschichtlichen Museums. Von erschreckender Realität ist die blutbefleckte Uniform, in der Franz Ferdinand, der österreichische Thronfolger, am 28. Juni 1914 in seinem Automobil in Sarajevo ermordet wurde. Durch Österreichs Bündnispolitik führte sein Tod zum Ersten Weltkrieg. Das einstige Jugoslawien liegt den Österreichern nicht nur gedanklich nah: 500 Kilometer Luftlinie trennen Wien von Sarajevo.

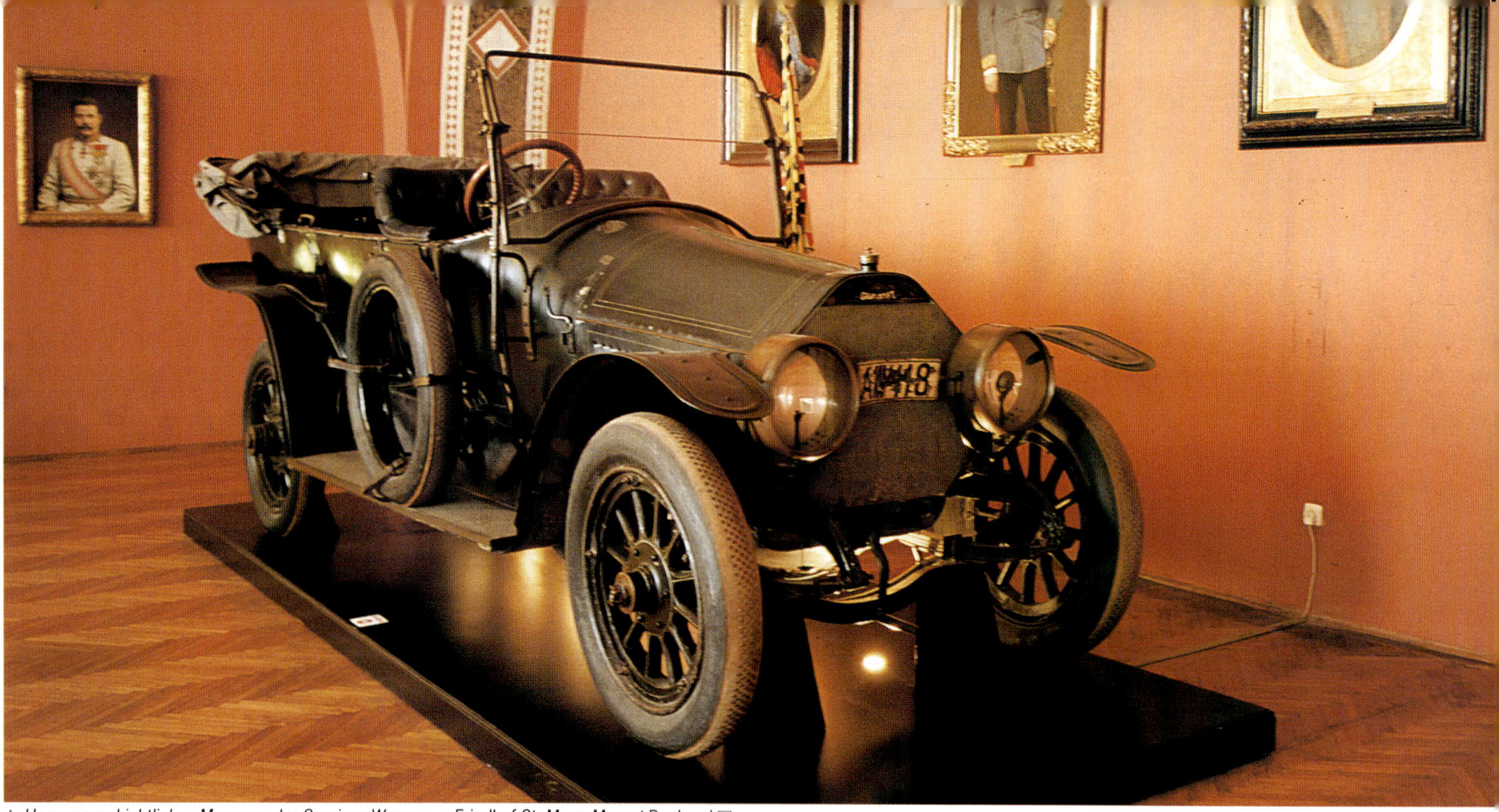

△ Heeresgeschichtliches Museum: der Sarajevo-Wagen

Friedhof St. Marx: Mozart-Denkmal ▽

△ Leichenwagen aus dem reich bestückten Bestattungsmuseum in der Goldeggasse

△ Zum Heeresgeschichtlichen Museum im Arsenal ... ... gehört auch dieses triumphale Fresko einer Türkenschlacht ▽

Und dass die jüngsten Jugoslawienkriege auch zum Dritten Weltkrieg hätten führen können – wen wundert's, wenn manch Österreicher mehr Angst davor hatte als andere?

Die Liebe zum Tod ...

In den weinerlich-weinseligen Texten vieler Heurigenlieder, die von Fiakern handeln, ›die an trag'n, wenn ma amal stirbt‹, vom ›G'wand, das verkauft wird, um in Himmel zu fahrn‹, und vom ›Wein, der sein wird, wenn man nimmer ist‹ drückt sich die seltsam intime Beziehung des Wieners zum Tod aus. Sie zeigt sich auch beim kollektiven Wunsch nach einer ›schönen Leich‹, womit ein pompöses Begräbnis gemeint ist. Ein ›Aphrodisiakum für Nekrophile‹ hat André Heller den Zentralfriedhof einmal genannt. Und wer zu Allerheiligen die Wiener dabei beobachtet, wie sie mit der Straßenbahn-Linie 71 hinaus nach Simmering pilgern, gewinnt tatsächlich den Eindruck, bei dieser riesigen Totenstadt handle es sich um ein geheimes Gravitationszentrum ihres goldenen Herzens.

... und die letzten Ruhestätten

Doch auch auf der touristischen Landkarte sind manche der Gottesäcker verzeichnet – als letzte Ruhestätten prominenter Persönlichkeiten. So finden sich etwa auf dem ›Zentral‹ die Gräber der Musiker Beethoven, Schubert, Brahms, Vater und Sohn Strauss, aber auch von Literaten wie Karl Kraus, Franz Werfel oder Arthur Schnitzler. In Hietzing liegen Gustav Klimt und Otto Wagner, und in Ober-St.-Veit Egon Schiele begraben. Auf dem Grinzinger Friedhof ruhen, um nur zwei der vielen Künstler zu nennen, Heimito von Doderer und Gustav Mahler.
Prominenteste Ruhestatt von allen ist die von Wolfgang Amadeus Mozart, obwohl man ihren Standort bekanntlich nur ungefähr eruiert hat und bloß mit einem Grabmal kennzeichnen konnte. Der St. Marxer Friedhof, auf dem der Komponist am Morgen des 7. Dezember 1791 in einem Massengrab verscharrt wurde, lohnt aber noch aus einem zweiten Grund einen Besuch: Immerhin gilt er als weltweit letzter erhaltener Gottesacker aus dem Biedermeier.

WIEN
1. INNERE STADT
WIEDEN 4.
5. MARGARETEN
3. LANDSTRASSE
Schottentor
Schwedenpl.
Nestroypl.
Rathaus
Herreng.
Stephans-pl.
Stubentor
Landstr.
Wien Mitte
Stadtpark
Karlspl.
Karlsplatz
Volkstheater
Babenberger-str.
Lerchenf.-str.
Kettenbr.-gasse
Pilgramg.
Taubstummeng.
Rennweg
Rochusgasse
Kard.-Nagl-Pl.
Südtiroler Pl.
Matzleinsdorfer Platz
Keplerpl.
Reumannpl.
Frachtenbhf. Aspangbhf.
Anschlußstelle St. Marx
Anschlußstelle Landstraße
Anschlußstelle Arsenal
Simmering Aspangbahn
Simmering Ostbahn
Messezentrum
Ringstraße
Opernring
Kärntner R.
Schubert-ring
Stubenring
Franz-Josefs-Kai
Donaukanal
Gürtel
Landstraßer Gürtel
Wiedner Gürtel
Margaretengürtel
Südosttangente
Neustiftgasse
Burggasse
Triester Straße
Laxenburger Straße
Favoriten
Gudrunstraße
Troststraße
Grenzackerstraße
Raxstraße
Schweizer Garten
Arsenal
Heeresgeschichtliches Museum
Belvedere
Oberes Belvedere
Botan. Garten der Univ.
Schwarzenberggarten
Alte Hofburg
Neue Hofburg
Burggarten
Volksgarten
Zentralviehmarkt St. Marx
Friedhof St. Marx
Erholungsgebiet Laaer Wald
Böhmischer Prater
Christusk. Friedhof
Alfred-Böhm-Park
Otto-Benesch-Park
1=Anton-Burg-Gasse
2=Huppgasse
3=Mannhartgasse
15=Christophgasse
16=Scalagasse
53=Proschkog.
55=Sperlinggasse
56=Schaurhoferg.
57=Apfelgasse
58=Kreuzherreng.
59=Hoyosgasse
60=Mattiellistraße
61=Auerbruggerg.
62=Kleinschmidgasse
63=Möllwaldplatz
10=Robertgasse
11=Schwemmgasse
12=Waschhausgasse
13=Tiergartenstraße
14=Thugutstraße
15=Brandgasse
16=Siegelgasse
17=Sparhofgasse
18=Charasgasse
19=Franz-Hauer-Gasse
20=Löwenherzgasse
21=Kaisergarteng.
22=Marilaungasse
23=Klopsteinplatz
24=Praetoriusg.
25=Magazingasse
26=Pettenkofeng.
1=Eschenkogelgasse
S60,65,80
R10,11,20 61,67,80
R10,R11
S1,2,3,15
S7
E59

Wo gibt es was?

Nadelnummer = Textnummer

Naschmarkt ①–③

Bei der U 4-Station Kettenbrückengasse, wo der Wienfluss in den Untergrund entschwindet, nimmt der **Naschmarkt** ①, 6. Bez., seinen Anfang. Als Milchmarkt im 18. Jh. gegründet, ist er heute der größte und schönste Obst-, Gemüse- und Spezialitätenmarkt der Stadt: eine über 500 m lange, wunderbar sinnliche Mischung aus Urwiener- und Balkan-Atmosphäre (mo–fr 6–18.30, sa 6–17 Uhr). Eine Fundgrube von kostbaren und weniger wertvollen Altwaren ist der große **Flohmarkt** direkt an der U-Bahn-Station (sa u. fr ab 6.30 Uhr). In Sichtweite stehen zwei Jugendstil-Mietshäuser Otto Wagners: Linke Wienzeile 40 wird wegen seines floralen Fliesendekors **Majolikahaus** (1899) ② genannt. Die von üppigem Goldschmuck umrahmten Frauenmedaillons an der Fassade des Nachbarhauses Nr. 38 entwarf Kolo Moser. Wenige Gassen weiter liegt das **Theater an der Wien** ③, Linke Wienzeile 6. In seinem Vorgängerbau fanden im 19. Jh. viele bedeutende Uraufführungen statt. Jetzt macht es als Musicalbühne von internationalem Rang von sich reden (Karten-Info: Tel. 58885). Sein Papagenotor in der Millöckergasse zeigt den ersten Theaterdirektor und Textdichter der ›Zauberflöte‹, Emanuel Schikaneder, in der Rolle des Papageno.

Karlsplatz ④

Zentrales Gebäude des weitläufigen Karlsplatzes, 1. Bez. (U 1, U 2, U 4 Karlsplatz), ist die nach dem Ende einer Pestepidemie erbaute **Karlskirche** (ab 1713) an seiner Südseite. Der hochbarocke Prachtbau mit der patinagrünen Kuppel ist ein Gemeinschaftswerk von Fischer von Erlach senior und junior. Sein ansonsten eher schlichtes Inneres wird von einem grandiosen Kuppelfresko von J. M. Rottmayr dominiert, das Szenen aus dem Leben des Pestheiligen Borromäus zeigt. Daneben liegt die **Technische Universität** (1816–18, später erweitert).

Die Ostseite beherrscht das **Historische Museum der Stadt Wien** (1959, Oswald Haerdtl), Karlsplatz 8, das Wiens Werdegang vom Römerlager bis zur Residenz- und Kunststadt dokumentiert (di–so 9–16.30 Uhr). Im Norden liegen zwei bedeutende Musentempel: Im **Künstlerhaus** (1865–68, August Weber), Karlsplatz 5, finden regelmäßig beachtliche Großausstellungen zur österreichischen und internationalen Kunst- und Kulturgeschichte statt (di–so 10–18, do bis 21 Uhr). Der benachbarte **Musikverein** (1867, Theophil Hansen), 1. Bez., Dumba-Str. 3, ist die Heimat der seit 1842 bestehenden Wiener Philharmoniker, sein 51 m breiter und 19 m langer Goldener Saal für 2000 Besucher als Konzertsaal (u.a. Neujahrskonzert) weltbekannt (Karten-Info: 5058190-0).

Secession ⑤

Ein Symbol der künstlerischen Aufbruchstimmung um die Jahrhundertwende ist die **Secession**, 1. Bez., Friedrichstr. 12, im Westen des Karlsplatzes (U 1, U 2, U 4 Karlsplatz). Der von Wagner-Schüler Josef Maria Olbrich 1898 für die damalige Künstler-Avantgarde errichtete weiße Würfel mit seiner Kuppel aus vergoldetem Laubwerk gilt als ein Hauptwerk des Wiener Jugendstils. Im Souterrain ist Gustav Klimts Beethoven-Fries, im Obergeschoss sind Wechselausstellungen von Gegenwartskünstlern zu besichtigen (April–Juni di–so 10–18, mi bis 20, Juli–März di–sa 10–18, so 10–16 Uhr).

Für spannende Ausstellungen zeitgenössischer Kunst bekannt ist die **Kunsthalle**, 1. Bez., Treitlsstr. 3, ein 1992 vis-à-vis in die Wiese plazierter gelb-blauer Kubus (tgl. 10–18, do bis 20 Uhr).

Nördlich befindet sich die der gleichnamigen Hochschule angegliederte **Akademie der Bildenden Künste**, 1. Bez., Schillerplatz 3. Hinter der überreich mit Terrakotten und Fresken geschmückten Fassade verbirgt sich eine hochkarätige, dennoch relativ wenig besuchte Gemäldegalerie, die einen Querschnitt durch die europäische Malerei (15.–20. Jh.) bietet mit Meisterwerken von Cranach, Murillo, Tizian, Ruisdael, Rubens, Rembrandt und van Dyck. Höhepunkt ist das Weltgerichts-Triptychon von Hieronymus Bosch (di–so 10–16 Uhr).

Schwarzenbergplatz ⑥

Im Süden des Schwarzenbergplatzes, 3. Bez. (U 1, U 2, U 4 Karlsplatz), erinnert ein mächtiger Brunnen an die Vollendung der Ersten Wiener Hochquellwasserleitung (1873) und ein Denkmal an Wiens Befreiung durch die Sowjets 1945. Das **Palais Schwarzenberg** (1697–1726, Fischer von Erlach, Lukas von Hildebrandt), Schwarzenbergplatz 9, ist heute Nobelherberge. Östlich des Platzes liegt Wiens zweites Zentrum für E-Musik: das **Konzerthaus**, 3. Bez., Lothringerstr. 20. In dem Jugendstilbau wird vor allem die Klassische Moderne gepflegt (Karten-Info Tel. 7121211). Im Nachbargebäude ist das **Akademietheater**, 3. Bez., Lisztstr. 1, zu Hause, eine Nebenbühne des Burgtheaters.

Stadtpark ⑦

Wiens größter, 1862 beiderseits des Wienflusses im englisch-romantischen Landschaftsstil angelegter Park (über 10 ha), 1. Bez., Parkring (U 4 Stadtpark), ist durchsetzt von Denkmälern, deren berühmtestes **Johann Strauss jun.** ehrt. In Sichtweite liegt der **Kursalon**, ein bis heute für Walzerkonzerte genutzter Vergnügungspavillon, auf dessen Terrasse es sich auch gut Kaffee trinken lässt (März–Okt. tgl. 11.30 bis 23.30 Uhr, Karten-Info Tel. 7105580). Die Jugendstil-Treppenanlage (1903–07) am Wienfluss, der hier wieder an die Oberfläche tritt, schufen Ohmann u. Hackhofer.

Belvedere ⑧–⑨

Das **Belvedere** ⑧, einst Sommerschloss Prinz Eugens von Savoyen und Meisterwerk des Architekten Johann Lukas von Hildebrandt, umfasst zwei Barockpaläste und einen von Dominque Girard nach italienischen Renaissance-Vorbildern angelegten Terrassengarten. Das Obere Belvedere (1724), von dem aus man einen herrlichen Blick über Wien genießt, diente nur zur Repräsentation. Es birgt heute die **Österreichische Galerie**, 3. Bez., Prinz-Eugen-Str. 27 (U 1, U 2, U 4 Karlsplatz), eine umfassende Sammlung heimischer und internationaler Malerei des 19. und 20. Jh. Auch das Untere Belvedere (1716), Rennweg 6a, wo Prinz Eugen zu wohnen pflegte, birgt wichtige Kunstsammlungen: das **Barockmuseum**, vertreten sind u.a. Donner, Rottmayr und Maulpertsch, und das **Museum Mittelalterlicher Kunst** (alle Sammlungen di–so 10–17 Uhr). Eine Sammlung ganz anderer Art kann man im **Bestattungsmuseum** ⑨, 4. Bez., Goldegg. 19, sehen (mo–fr 12–15 nach Anm. 50195-4227).

Heeresgeschichtliches Museum ⑩

Das wechselnde Geschick der habsburgischen Armee zeigt das Heeresgeschichtliche Museum auf dem Arsenal-Gelände, 3. Bez., Arsenalstraße (U 1 Südtiroler Platz). Spektakulärste Exponate sind die blutbefleckte Uniform und das Auto, in denen der österreichische Thronfolger Franz Ferdinand am 28. Juni 1914 in Sarajevo ermordet wurde (sa–do 10–16 Uhr).

Friedhof St. Marx ⑪

Unter Denkmalschutz steht der **Friedhof St. Marx**, 3. Bez., Leberstr. 6–8 (S 7 Simmering/Aspangbahn, Straßenbahn 71), aus dem Biedermeier mit 8000 Grabsteinen, auf dem Wolfgang Amadeus Mozart ruht (tgl. Juni–Aug. 7–19, Mai/Sept. bis 18, Okt.–April bis 17 Uhr). Über 3 Millionen Wiener liegen auf dem **Zentralfriedhof**, 11. Bez., Simmeringer Hauptstr. 232–244 (S 7 Zentralfriedhof, Straßenbahnen 71, 72 (südöstl. außerhalb dieser Karte, s. Karte Seite 106). Mittelpunkt ist die Dr.-Karl-Lueger-Gedächtniskirche (1907–10); die Mittelallee säumen Ehrengräber (Plan am Haupteingang Tor 2): Gluck († 1827), Beethoven († 1827), Schubert († 1828), Brahms († 1897), Johann Nestroy († 1862), Arthur Schnitzler († 1931), Karl Kraus († 1936), Helmut Qualtinger († 1986), Bruno Kreisky († 1990) und viele andere (tgl. Nov.–Febr. 8–17, März/April, Sept./Okt. 7–18, sonst 7–19 Uhr).

Maßstab 1:20.000

0 200 400 600 800 1.000 m

Alte Gasse auf dem Spittelberg: malerische Biedermeier-Fassaden, Schanigärten und kein Autoverkehr, der stört.

Volksnah, der Bummel durch die Vorstadt

Wer in das Wiener Alltagsleben eintauchen möchte, dem empfiehlt sich ein Streifzug durch die Bezirke zwischen Ring und Gürtel. Etwa durch den 7. und 8. Bezirk mit ihren Häusern aus dem Barock, Biedermeier und der Gründerzeit, allerlei Hinterhofgewerbe und einer lebhaften Lokalszene, besonders am Spittelberg. Das Spitalsviertel erinnert an bahnbrechende Leistungen der Medizin, das Palais Liechtenstein präsentiert Kunst der Klassischen Moderne und der einst kaiserliche Hofstall verwandelt sich gerade zum weitläufigen Museumsquartier.

△ Fischer von Erlachs Hofstallbau: zukünftig Teil des Museumsquartiers

Echt Wiener Schmankerln gibt's im ›Centimeter‹ auf dem Spittelberg ▽

△ Gutbürgerliche Wohngegend mit direktem Straßenbahnanschluss: die Währinger Straße

Bürgerliche Bühnenkunst im Josefstädter Theater ▽

△ *Auf dem Spittelberg wartet eine Menge netter Lokale auf den Stadtflaneur, der eine Zeitreise ins frühe 19. Jahrhundert unternimmt* ▽

Schon Mozart traf sich mit Zechkumpanen zum Kegelspiel am Spittelberg. Auch heute findet man in den ein-, höchstens zweistöckigen Häusern mit den zierlichen Barock-, Rokoko- und Biedermeier-Fassaden zwischen Burg- und Breite-, Siebenstern- und Stiftgasse eine große Anzahl von Lokalen, allerlei feine Boutiquen und Galerien, Esoterik- und Kunsthandwerksläden. In der warmen Jahreszeit stellen die Gastronomen Holztische auf das Kopfsteinpflaster der alten Gassen, servieren – wie im Beisl ›Witwe Bolte‹ in der Gutenberggasse – sogar unter Lindenbäumen Nudelsuppe, Beuschel und Palatschinken, und hauchen so dem tagsüber doch etwas schläfrigen Viertel bis nach Mitternacht Leben ein.

Theater in der Josefstadt

Der 8. Bezirk, die Josefstadt, ist unter allen innerstädtischen Bezirken das traditionelle (groß-)bürgerliche Wohngebiet schlechthin. Dafür, dass hier auch viele Künstler zu Hause sind, ist vor allem das Theater in der Josefstadt verantwortlich. Das innen sehr stilvolle, plüschig-intime Haus ist Wiens älteste durchgehend bespielte Bühne und ein Hort typisch wienerischer Schauspielkunst. Heute liegt der Schwerpunkt des Programms auf modernen Gesellschaftsstücken und eleganten Kammerspielen.
An die berühmten Wiener Schauspieler Paula Wessely, Attila Hörbiger, Fritz Kortner und Hans Moser, die hier wirkten, erinnern die alten Filme im nahen Nostalgie-Kino ›Bellaria‹ in der Museumsstraße. Einblick ins reale Wiener Leben gibt's gleich neben dem Volkstheater: im ›Spezial Wein- und Bierhaus‹ Ecke Josefstädter Straße/Lange Gasse.

Viertel der Mediziner

Besonders schöpferisch zeigte sich Wien auch auf dem Gebiet der Medizin und Seelenkunde. Zwischen 1900 und 1938 forschten und lehrten hier neben Übervater Sigmund Freud unter anderen der Begründer der Individualpsychologie Alfred Adler, die beiden großen Sexualpsychologen Wilhelm Reich und Richard Krafft-Ebing sowie der Psychiater und Nobelpreisträger Julius

△ Medizingeschichte: das Pathologisch-Anatomische Museum im alten AKH

Palais Liechtenstein, noch eine Weile Museum Moderner Kunst ▽

△ Das Museumscafé im Palais Liechtenstein

△ Im Herkulessaal des Palais Liechtenstein wird regelmäßig zum Plaisir der Touristen musiziert

In dem barocken Gemäuer des Palais Liechtenstein findet der Besucher beachtliche Werke namhafter Künstler der Moderne ▽

Wagner von Jauregg. Und drei, vier Jahrzehnte vorher schon hatten Pioniere wie Ignaz Philipp Semmelweis, der ›Retter der Mütter‹, oder der Chirurg Theodor Billroth, das Wiener Pendant zu Ernst Ferdinand Sauerbruch, den Ruhm der Wiener Medizin begründet.
Überhaupt, das Spitalswesen an der Donau war früh weit entwickelt. Schon Maria Theresias Leibarzt Gerard van Swieten regelte als oberster Medizinalverwalter der Stadt Administration und Unterricht grundlegend neu. Einen europaweit beachteten Meilenstein setzte Reformkaiser Joseph II. 1784 mit der Gründung des Allgemeinen Krankenhauses, in dem erstmals jeder Patient über ein eigenes Bett verfügte.

Medizingeschichte museal

Den Wissensstand von einst zeigt das Josephinum: Die 1785 eingeweihte einstige Ausbildungsstätte für Militärärzte beherbergt das Institut für Geschichte der Medizin. Sein Museum enthält unter anderem eine Sammlung anatomisch-geburtshilflicher Wachsfiguren, die Joseph II. seinerzeit eigens in Italien modellieren ließ, damit angehende Ärzte das Innere des Menschen an lebensgroßen, Knochen für Knochen und Organ für Organ minutiös nachgeformten Modellen studieren konnten. Echt dagegen sind die meisten Exponate des 1796 gegründeten Pathologisch-Anatomischen Museums, Teile von Verstorbenen oder Operationspräparate.

Moderne: Ludwig und Leopold

Leihgaben der Aachener Kunstsammlung des Schokoladenfabrikanten Peter Ludwig und seiner Frau Irene führten 1979 zur Gründung des Museums Moderner Kunst im Palais Liechtenstein. Der Erwerb 1994 der Kollektion des Wiener Augenarztes Rudolf Leopold für 375 Millionen Mark vom österreichischen Staat führte zum Ausbau des Museumsquartiers auf dem einst kaiserlichen Hofstall-Gelände. Die Eröffnung ist für 2002 vorgesehen. Dann werden dort beide Sammlungen einziehen: Hunderte Schlüsselwerke österreichischer Maler um 1900, ergänzt durch einen Überblick der internationalen Kunst des 20. Jahrhunderts.

WIEN
18. WÄHRING
HERNALS
9. ALSERGRUND
8. JOSEFSTADT
1. INNERE STADT
7. NEUBAU
6. MARIAHILF
RUDOLFSHEIM-
FÜNFHAUS
5. MARGARETEN
WIEDEN 4.
Gersthof
Währinger Str. Volksoper
Michelbeuern-AKH
Alser Str.
Josefstädter Str.
Thaliastr.
Burggasse-Stadthalle
Westbf.
Schweglerstr.
Gumpendorfer Str.
Margaretengürtel
Längenfeldg.
Meidl. Hauptstr.
Schönbrunn
Niederhofstr.
Schottentor
Rathaus
Herreng.
Stephansplatz
Volkstheater
Museumsquartier
Babenberger Str.
Karlspl.
Kettenbrückengasse
Pilgramg.
Zieglerg.
Neubaugasse
Taubstummeng.
Südtiroler Platz
Schottenring
Roßauer Lände
Friedensbr.
Franz-Josefs-Bhf.
Nußd.Str.
Allgemeines Krankenhaus d. Stadt Wien
Altes Allgemeines Krankenhaus d. Stadt Wien
Universität
Parlament
Hofburg
Burggarten
Volksgarten
Karlsplatz
Stadthalle
Gürtel
Margaretenstraße
Mariahilfer Straße
Gablenzgasse
Burggasse
Lerchenfelder Straße
Alser Straße
Hernalser Hauptstraße
Währinger Straße
Gentzgasse
Felberstraße
Linke Wienzeile
Rechte Wienzeile
Wiedner Hauptstraße

Wo gibt es was?

Nadelnummer = Textnummer

Mariahilfer Straße ①–②

Die **Mariahilfer Straße** ①, 6. Bez. (U 2 Babenbergerstraße, U 3, U 6 Westbahnhof), ist Wiens Einkaufsmeile Nummer eins. Neben den zahllosen Einzelhandelsgeschäften immer für ein Schnäppchen gut sind die Kaufhäuser ›Gerngross‹, Nr. 38–48, und, nahe dem Westbahnhof, ›Stafa‹, Nr. 120. Ein Abstecher führt zum **Kaiserlichen Hofmobiliendepot** ②, 7. Bez., Andreasgasse 7 (U 3 Neubaugasse), wo man auf den Spuren der habsburgischen Wohnkultur wandeln kann. Besonders sehenswert: die kunstvollen Biedermeier- und Historismusmöbel (tgl. 9–17 Uhr).

Spittelberg ③

In den engen Gässchen des Spittelberg-Viertels, 7. Bez. (U 2, U 3 Volkstheater), ist noch die Atmosphäre der Wiener Vorstadt aus dem frühen 19. Jh. lebendig. Seine Biedermeier-Häuser beherbergen viele Kunsthandwerksläden, Galerien und vor allem Beisln. Eine besonders gemütliche Einkehr verspricht das Lokal ›Witwe Bolte‹, Gutenbergg. 13 (tgl. 11.30–1 Uhr).

Museumsquartier ④

Nach Plänen Johann Bernhard Fischer von Erlachs erbaut wurde der langgestreckte Barockbau des kaiserlicher Hofstalls (1723 bis 1725), 7. Bez., Museumsplatz 1 (U 2, U 3 Volkstheater, U 2 Babenbergertraße). Vom Ersten Weltkrieg bis 1994 diente er als Messepalast. Unter seiner neuen Bezeichnung Museumsquartier wird der weitläufige Komplex (Eröffnung ca. 2002) etlichen hochrangigen Kunstsammlungen ein Heim bieten, darunter dem Museum Moderner Kunst (jetzt Palais Liechtenstein), einer Kunsthalle, einem Medienmuseum und der Sammlung Leopold, die österreichische Kunst von 1880 bis zum Ersten Weltkrieg umfasst: ca. 600 Ölgemälde, 3000 Aquarelle, Zeichnungen, Drucke und 300 Möbelstücke (Infos Tel. 5235881).

Volkstheater ⑤

Das **Volkstheater**, 7. Bez., Neustiftg. 1 (U 2, U 3 Volkstheater), wurde 1888/89 von dem Architektenduo Ferdinand Fellner und Hermann Helmer erbaut. Es diente als Grundmodell für Dutzende von Theaterbauten, welche beide in der Folge über die gesamte österreich-ungarischen Monarchie verstreut schufen. Der Neorenaissance-Bau hat sich als eine der großen Sprechbühnen Wiens seine Avantgarde-Tradition bis heute bewahrt (Karten-Info Tel. 5247263). Unmittelbar daneben hat sich das **Bellaria-Kino**, Museumstr. 3, auf österreichische Filme aus der Zwischen- und Nachkriegszeit (1930–1950) spezialisiert (Info Tel. 5237591).

Mechitharisten-Kloster ⑥

Hinter unscheinbaren Mauern verbirgt sich das **Kloster der Mechitharisten,** 7. Bez., Mechitharisteng. 4 (U 2, U 3 Volkstheater), ein 1701 in Konstantinopel gegründeter armenisch-katholischer Orden, von dem eine Gruppe 1810 in Wien Asyl erhielt. Mit Münzen, Gemälden, liturgischem Gerät reich bestückt ist das Museum, wunderschön die Bibliothek (Besuch nach Anmeldung Tel. 5236417-0). Vis-à-vis markiert eine Gedenktafel das **Geburtshaus** des Walzerkomponisten **Franz Joseph Lanner** (1801 bis 1843). In der Nähe liegen zwei Barockpalais (um 1710 begonnen): **Palais Trautson** (Fischer v. Erlach), 7. Bez., Museumsstr. 7, heute Justizministerium, **Palais Auersperg**, 8. Bez., Auerspergstr. 1, Veranstaltungsort für Bälle, Soireen, kleine Konferenzen (U 2 Lerchenfelder Straße).

Josefstadt ⑦–⑨

Das **Theater in der Josefstadt** ⑦, 8. Bez., Josefstädter Str. 26 (U 2 Lerchenfelder Straße), Wiens bedeutendste Privatbühne (Karten-Info Tel. 4025127). Mit der eigens von Beethoven komponierten Ouvertüre ›Die Weihe des Hauses‹ 1822 eröffnet, hatte der klassizistische Josef-Kornhäusel-Bau seine Blütezeit unter Max Reinhardt (1924–1938). Für Experimentelleres ist die Nebenbühne ›Rabenhof‹, 3. Bez., Rabengasse 3 (U 3 Kardinal-Nagl-Platz), zuständig (Tel. 7136064-0). Gleich um die Ecke stößt man auf ein Barockbau erster Güte: die **Piaristenkirche Maria Treu** ⑧, 8. Bez., Jodok-Fink-Platz (U 2 Rathaus). Den Entwurf für den Bau mit der doppeltürmigen Fassade (1716–71) lieferte Johann Lukas von Hildebrandt; das Innere zieren Fresken von Franz Anton Maulpertsch.
Einblicke in die Alltags- und Festbräuche in Österreichs Provinz gibt das **Museum für Volkskunde** ⑨, 8. Bez., Laudongasse 15–19 (U 2 Rathaus), im Gartenpalais Schönborn (1706–11; 1770 klassizistische Fassade), einem Barockbau, der ebenfalls Hildebrandts Handschrift trägt (di–fr 9–17, sa 9–12, so 9–13 Uhr).

Mediziner-Viertel ⑩–⑪

Im Schatten der beiden gigantischen, grauen Würfel des Neuen Allgemeinen Krankenhauses duckt sich sein 1784 eröffneter Namensvetter, das **Alte Allgemeine Krankenhaus** ⑩, 9. Bez., Spitalg. 2 (U 6 Alser Straße). Der unter Joseph II. erbaute, seinerzeit höchst fortschrittliche Spitalskomplex für 2000 Patienten hat mehrere in sich verschachtelte Trakte und Höfe, in die Institute und Büros der Universität, Läden und zahlreiche Lokale eingezogen sind. Damit ist hier ein quicklebendiger Studententreff entstanden. Im 6. Hof verborgen liegt der Narrenturm. In dem ehemaligen Asyl für Geisteskranke ist das **Pathologisch-Anatomische Bundesmuseum** mit seinen gruselig-grotesken Exponaten untergebracht (mi 15–18, do 8–11, 1. Sa im Monat 10–13 Uhr).
1783–85 ließ Joseph II. die chirurgisch-medizinische Akademie **Josephinum** ⑪, 9. Bez., Währinger Str. 25/1 (U 2 Schottentor), errichten. In dem frühklassizistischen Gebäude befindet sich heute das Institut für Geschichte der Medizin. Ein angeschlossenes Museum enthält eine reichhaltige Dokumentation der Wiener Medizinischen Schulen und eine interessante Sammlung anatomischer Wachspräparate, anhand derer man einst das Innere des Menschen studierte (mo–fr 9–15 Uhr).

Sigmund-Freud-Museum ⑫

Das Haus, in dem Sigmund Freud von 1891 bis zu seiner Emigration 1939 wohnte und arbeitete, ist jetzt ein ihm gewidmetes Museum, 9. Bez., Bergg. 19 (U 4 Roßauer Lände, U 2 Schottentor). Teile der großbürgerlichen Wohnung sind noch im Originalzustand erhalten. Seine Behandlungscouch aber steht heute in London (tgl. Juli–Sept. 9–18, Okt.–Juni 9–16 Uhr).

Palais Liechtenstein ⑬

Im Sommerpalais Liechtenstein (1691 bis 1711), 9. Bez., Fürsteng. 1 (U 4 Roßauer Lände), bietet das **Museum Moderner Kunst** bis zum Umzug ins Museumsquartier mit Werken u.a. von Picasso, Nolde, Kandinsky, Ernst, Rauschenberg, Beuys und vielen Österreichern wie Kokoschka, Rainer, Lassnig und Hrdlicka eine repräsentative Sammlung der Klassischen Moderne wie der jüngsten Gegenwartskunst (di–so 10–18 Uhr). Im Herkulessaal finden Konzerte statt (tgl. April–Okt.) Gegenüber führt die **Strudlhofstiege** (1910) von der Liechtensteinstraße hinauf zur Währinger Straße, jene schöne Treppenanlage, der Heimito von Doderer durch seinen gleichnamigen Roman zu bleibendem literarischen Ruhm verhalf.

Volksoper ⑭–⑮

In der **Volksoper** ⑭, 9. Bez., Währinger Str. 78 (U 6 Währinger Straße/Volksoper), der 1898 eröffneten ›kleineren Schwester‹ der Staatsoper, ist die etwas leichtere Muse beheimatet, neben Opern die Operette und das Musical (Karten-Info Tel. 514440). Ein typisches Vorstadthaus, im Hof Galerien, Pawlatschen, und ein Ziehbrunnen, ist das **Geburtshaus Franz Schuberts** ⑮, 9. Bez., Nussdorfer Str. 54 (U 6 Nussdorfer Straße). Heute Museum, werden neben etwas Mobiliar vor allem Noten sowie Bild- und Fotodokumente gezeigt. Angeschlossen ist ein Gedenkraum für Adalbert Stifter (di–so 9–12.15 u. 13–16.30 Uhr).

Maßstab 1:20.000 — 0 200 400 600 800 1.000 m

Markante Blickpunkte: der Leuchtturm auf der Donauinsel, der den Bregenzer Festspielen zuvor als Kulisse diente, der Millenniums-Tower, ein 1999 eröffnetes Bürohaus am Handelskai, und am Horizont der Wienerwald.

Wien, an die Donau gerückt

Allen Klischees zum Trotz: Jahrhundertelang lag Wien nicht an, sondern neben der Donau. Erst die Regulierung des Flusses ab 1870 ließ die Stadt an und über seine Ufer hinauswachsen. Als Nebeneffekt – allerdings erst gut hundert Jahre später – entstand das Freizeit- und Erholungsgebiet Donauinsel, um deren 40 Kilometer Strand andere Großstädter die Wiener beneiden können. Überragt wird die ›Binnenadria‹ von hochmodernen Glas- und Betontürmen sowohl der Uno-City wie neuer Büros.

Eine Allee im Augarten, den Joseph II. 1775 dem Volk öffnete ▽

△ Wagners Schleusenanlage am Beginn des Donaukanals in Nussdorf

Handarbeit in der Porzellanmanufaktur Augarten ▽

△ Von Hundertwasser ›behübscht‹: die Müllverbrennungsanlage Spittelau

Skyline der Uno-City ▽

segarten, dramatisch sank und die Badereviere an der Alten Donau und in der Lobau zu verlanden drohten. Man eilte ans Reißbrett, grub die Neue Donau, ein 21 Kilometer langes Entlastungsgerinne, und baute daneben einen sechsspurigen Highway als neue Nabelschnur nach Prag und Budapest.

Freizeitparadies Donauinsel

Ein Ergebnis der Hochwasserregulierung war die Donauinsel. Über sie wurde anfänglich recht viel geraunzt. Inzwischen ist der durchschnittlich 200 Meter breite Landstreifen den Wienern ans Herz gewachsen. Reißbrett hin oder her: Radfahrer, Wanderer und Inline-Skater lieben die langen asphaltierten Wege; Pfadfinder und türkischstämmige Familien grillen sich an Wochenenden in den betonierten Ufernischen ihr Mittagsmahl, und die Fischer fischen hier frische Fische. Jeden Sommer wird diese menschliche Kunstlandschaft zu einem zentraleuropäischen Rimini. Abertausende ›Topfenneger‹ nehmen dann ihre ›Copa Cagrana‹ in Beschlag, fahren Tretboot und Wasserski, surfen, lassen sich an dem über 40 Kilometer langen Strand rösten und Touristen wie Städteplaner vor Neid erblassen. Und nach Sonnenuntergang machen die vornehmlich jungen Wiener in den zahlreichen Restaurants, Bars und Diskos die Nacht zum Tag – nicht nur auf der dreitägigen Mega-Party des Donauinselfests Ende Juni.

Vor weltstädtischer Kulisse

Ein wenig betulicher geht es an den Gestaden der Alten Donau zu mit ihren Arbeiterstrandbädern, Badehütten, Ruder- und Segelbootverleihen und herrlich altmodischen Ausflugslokalen.
Eine Idylle, die unversehens in die Gegenwart führt, sobald man den Kopf hebt: Den gesamten Freizeit- und Erholungsbereich an Neuer und Alter Donau überragen der moderne Glaspalast der Uno-City, der Donauturm und etliche Wolkenkratzer, die in jüngster Zeit zu beiden Seiten der Donau in den Himmel gewachsen sind. Eine Skyline, die – wohltuend weit vom historischen Stadtkern entfernt – auch Wien zeitgemäßes Gepräge verleiht.

Wien
Heiligenstadt
20. BRIGITTENAU
9. ALSERGRUND
Donau
Alte Donau
Neue Donau
Donauinsel
Kaisermühlen
Zwischenbrücken
Bruckhaufen
Obere Mühlschüttel
Floridsdorfer Aupark
Donaupark
Großer Gänsehäufel
Augarten
Anschlußstelle Floridsdorfer Brücke
Anschlußstelle Reichsbrücke
Anschlußstelle V. Int. Centre
Knoten Donaupark
Nordbahnbrücke
Floridsdorfer Brücke
Handelskai
Wagramer Straße
Brigittenauer Lände
KLOSTER-NEUBURG
WIEN

Wo gibt es was?

Nadelnummer = Textnummer

›Transdanubien‹

›Transdanubien‹ werden von den Wienern aus den zentralen Stadtbezirken etwas geringschätzig die Gebiete jenseits der Donau genannt.

Geschichte: Bereits aus dem 11. und 12. Jh. ist die Existenz von Dörfern in der von Flussarmen durchzogenen Auenlandschaft am nordöstlichen Donauufer überliefert. Ihre Bewohner lebten teils von den Erträgen der Äcker im Hinterland, teils von Fischfang, Mühlen und dem Fährbetrieb über den Fluss. Diese alten Siedlungen mit Namen wie Jedlesee, Großjedlersdorf, Leopoldau, Süßenbrunn, Kagran, Hirschstetten, Essling, Aspern oder Stadlau waren bis weit ins 19. Jh. hinein vorwiegend agrarisch geprägt.

Donauregulierung: Dank der umfassenden Donauregulierung von 1870 bis 1875 und dem dadurch möglichen Bau stabiler Brücken griff die Großstadt auf das linke Donauufer über. Zuerst de facto mit Wohnsiedlungen, Gewerbe- und Industriebetrieben, 1904 auch de iure, indem sie die genannten Orte samt ihrem Umland eingemeindete. Die in der Folge entstandenen Bezirke 21 und 22, Floridsdorf und Donaustadt, bilden jene Zonen, in denen seit den 1960er Jahren der soziale Wohnungsbau am massivsten vorangetrieben wird.

Heurigengemeinden ①–③

Sehenswürdigkeiten im touristischen Sinn haben der 21. und 22. Bezirk kaum. Doch **Jedlersdorf** ① (Straßenbahn 31), **Strebersdorf** ② (S 3 Stebersdorf) und **Stammersdorf** ③ (Straßenbahn 31) im äußersten Norden sind alte Heurigengemeinden, deren Wein an den Abhängen des Bisambergs reift. Unter Genießern gelten sie als Geheimtipps. Der Trubel, der zeitweilig in Grinzing oder Nussdorf herrscht, ist hier nicht nur geographisch fern.

Donauinsel ④

Die zweite große Flussregulierung (1970er Jahre) brachte das Entlastungsgerinne Neue Donau. Das künstliche Flussbett ist vom Hauptstrom durch die 21 km lange Donauinsel getrennt, ein Erholungsgebiet mit riesigem Freizeitangebot (S 1, 2, 3 Strandbäder, U 1 Donauinsel, S 80 Lobau).

Aktivitäten: 42 km Badestrand (im Südteil FKK); Segeln; Surfen (Schulen); Tret-, Ruder- u. Elektrobootverleih; Fahrradverleih; Rad- und Wanderwege; Sportplätze; Tauch-, Segel- und Kanuschule; Wasserskilift (800 m); Cyclodrom (1500 m) für Rad-, Rollschuh- u. Rollstuhlrennen; dichte, vielfältige Gastronomie auf der ganzen Insel und am jenseitigen Neue-Donau-Ufer, besonders im Bereich der U-Bahnstationen Donauinsel und Kupfermühle.

Veranstaltung: Donauinselfest (Ende Juni).

Alte Donau ⑤–⑥

Bereits um 1900 wurde die Alte Donau, ein Rest des früheren Hauptbetts des Stroms, zur sommerlichen Zufluchts- und Erholungsstätte erkoren (2. Bez.). In Bruckhaufen (U 1 Alte Donau, S 1, 2, 3 Strandbäder) an ihrem oberen Ende liegen alte Wiener Freibäder, darunter das **Arbeiterstrandbad** ⑤. Am unteren Ende von Kaisermühlen gründete auf einer baumbestandenen, von Sandstränden gesäumten Insel der Naturapostel Florian Berndl 1906 das **Freibad Gänsehäufel** ⑥, Wiens größte Badeanstalt (U 1 Kaisermühlen).

Aktivitäten: Baden; Elektro-, Ruder-, Tret- und Segelbootverleih.

Uno-City ⑦

Das Wahrzeichen ›Transdanubiens‹ sind die Glas-Beton-Türme des Vienna International Centre, besser bekannt als **Uno-City**, 2. Bez., Wagramer Straße (U 1 Kaisermühlen/Vienna International Centre). Die 54 bis 120 m hohen Y-förmig angeordneten Hochhäuser (1973–76) entstanden nach Plänen von Johann Staber. Der Bürokomplex beherbergt die Organisation der Vereinten Nationen für Industrielle Entwicklung (UNIDO), für internationales Handelsrecht (UNICITRAL), die Internationale Atomenergiebehörde (IAEA), das Büro des Hauptkommissars für Flüchtlinge (UNHCR) sowie einige kleinere Teilorganisationen (Führungen mo–fr 11 u. 14 Uhr; Infos Tel. 26060-0 und Visitor Service verlangen). 1987 wurde das dazugehörige **Austria Center Vienna** eingeweiht. Das hochmoderne Veranstaltungs- und Konferenzzentrum bietet Platz für 50 bis 4000 Teilnehmer und ist Schauplatz hochkarätiger Konzerte (Programm-Info Tel. 26069-0).

Donauturm und -park ⑧–⑨

Aus Anlass der Wiener Internationalen Gartenschau 1964 entstand der **Donaupark**, 22. Bez. (U 1 Alte Donau), mit dem 252 m hohen **Donauturm** ⑧. Unvergesslich ist der Blick von seinem Drehrestaurant auf die Stadt, das Marchfeld und über das Wiener Becken bis zum Wienerwald (tgl. 11.30–15 u. 18–24 Uhr). Das weithin sichtbare Minarett gehört zur **Moschee** ⑨ am Hubertusdamm (U 6 Neue Donau), dem größten islamischen Gotteshaus der Stadt (Infos Tel. 2632120-0).

Mexikoplatz ⑩–⑪

Die **Reichsbrücke** (U 1 Vorgartenstraße), die nahe der Uno-City den 20. mit dem 2. Bezirk verbindet, ging in die Stadtannalen ein, als sie 1976 eines schönen Sommermorgens aus Altersmüdigkeit in sich zusammenbrach. Südlich ihres stadtseitigen Endes befindet sich die **Schiffsstation** ⑩, von der die Rundfahrtschiffe abfahren, die Wien vom Wasser aus zeigen (Infos und Buchung Tel. 58880-0 oder 7151525-20). Wenige Schritte entfernt liegt der **Mexikoplatz** ⑪, dessen Name daran erinnert, dass der zentralamerikanische Staat 1938 als einziges Mitglied des Völkerbundes offiziell gegen den Anschluss Österreichs an Hitler-Deutschland protestierte. Stadtbekannt ist der **Second Hand- und Trödler-Markt**, auf dem vorwiegend Händler aus Osteuropa jeden Samstag ihre Billigwaren feilbieten.

Die **Franz von Assisi-Kirche** im Südosten des weiten Gevierts wurde 1898 anlässlich des 50-Jahr-Jubiläums der Thronbesteigung Kaiser Franz Josephs I. erbaut.

Donaukanal ⑫–⑭

Im Zug der ersten Donauregulierung (1870 bis 1875) entstand der Donaukanal (20 km). Sehenswert an seinem Nordende ist die von Otto Wagner 1892 im Jugendstil gestaltete **Nussdorfer Wehr- und Schleusenanlage** ⑫, 19. Bez. (U 4 bis Heiligenstadt, dann Schnellbahn 40 bis Nussdorf). Direkt an der U 4-Station Spittelau liegt die von Friedensreich Hundertwasser 1992 verkleidete **Müllverbrennungsanlage/Fernheizwerk** ⑬, 9. Bez.

An der **Roßauer Lände** ⑭, 20. Bez. (U 4 Roßauer Lände), lockt das Westufer des Donaukanals, etwa auf Höhe des Augartens, mit einer Reihe schicker Bars und Esslokale: Unter der Bezeichnung ›Summerstage‹ sind sie fixer und viel frequentierter Bestandteil der städtischen Sommerszene (Ende Mai–Ende Sept.).

Augarten ⑮

Der 52 ha große Augarten, 2. Bez., Obere Augartenstr. 1–3 (Bus 5 A, Straßenbahnen 31, 32, N) war wie der nahe Prater bis 1775 kaiserliches Jagdrevier. Das gleichnamige barocke **Augartenpalais** erbaute Johann Bernhard Fischer von Erlach gegen Ende des 17. Jh. Seit 1948 ist es die Internatsschule der Wiener Sängerknaben, die heute mit 96 ›Spatzn‹ und vier Chören weltweit auftreten. In Wien selbst kann man ihnen bei der Sonntagsmesse (9.15 Uhr), wo sie in der Kapelle der Hofburg von Mitgliedern des Chors und des Orchesters der Staatsoper begleitet werden, zuhören (Info u. Kartenbestellung Tel. 5339927). In der zugehörigen ehemaligen Orangerie ist die heute städtische **Porzellanmanufaktur** untergebracht. Die Führungen zeigen Schritt für Schritt den Produktionsablauf (mo–fr 9.30 Uhr, Auskünfte u. Anmeldung Tel. 2124-0). Ein Nebentrakt des Palais, Eingang Scherzergasse 1a, beherbergt ein dem Lebenswerk des österreichischen Bildhauers Gustinus **Ambrosi** (1893–1975) gewidmetes **Museum** (di–so 9–12 u. 13–16 Uhr).

Maßstab 1:300.000 (0 – 2,5 – 5 – 7,5 – 10 – 12,5 – 15 km)

Maßstab 1:20.000 (0 – 200 – 400 – 600 – 800 – 1.000 m)

Hoch her geht's im Wurstelprater ganz im Norden der insgesamt 1287 Hektar großen Parkanlage ›Prater‹.

Lustbarkeiten: Prater, Marchfeld, Donautal

Seine grünen Oasen verdankt Wien kaiserlicher Großzügigkeit. Joseph II. öffnete im Jahr 1766 den Prater der Bevölkerung als Erholungsgebiet. Im 19. Jahrhundert entstand dann der gleichnamige Vergnügungspark. Auch die prunkvollen Jagdschlösser östlich von Wien am Rand des Marchfeldes und im Donautal haben ihre Wurzeln in der habsburgischen Hocharistokratie. Für den Bau der Grenzstadt Carnuntum allerdings waren die Römer der Antike verantwortlich.

△ Wurstelprater: nostalgische Geisterbahn, ... feuchtes Vergnügen in der Wildwasserbahn ▽

Asymmetrisch, bunt, bewachsen: Hundertwassers KunstHausWien ▽

△ Ein Wahrzeichen Wiens: das Riesenrad vom Wurstelprater

Hat etwas Aristokratisches: Galopprennbahn Freudenau ▽

Wie an seinem Westrand ist Wien auch im Osten von viel Grün umgeben. Das größte Naturareal innerhalb der Stadtgrenze ist hier der Prater: eine von Altwasserarmen durchzogene Wald- und Wiesenlandschaft, die ursprünglich dem Kaiserhaus als Jagdgebiet diente. Heute ist es mit Wander- und Radwegenetz, Pferderennbahnen, Stadien, Tennis- und Golfplätzen Treffpunkt der Sportiven.

Lebensader des fast 15 Kilometer langen Erholungsgebiets ist die von Kastanienbäumen gesäumte Hauptallee. An ihrem Nordwestende dreht sich seit über hundert Jahren das mit 15 knallroten Gondeln bestückte Riesenrad. Zu seinen Füßen drängt sich ein Sammelsurium altmodischer Biergärten, Schießbuden und Geisterbahnen sowie modernster High-Tech-Installationen: der Wurstelprater.

Das Hundertwasser-Imperium

Zum touristischen Pilgerort wurde ein buckliges, buntes Haus in einer unauffälligen Gasse des 3. Bezirks. Sein kurioser Schöpfer hat unter anderem auch eine Autobahnraststätte, eine Müllverbrennungsanlage, eine Thermenanlage und die alternative Nationalflagge seiner Wahlheimat Neuseeland mit seinen ewig gleichen farbigen Tränen verziert. Die Rede ist von Meister Friedensreich Hundertwasser, dem wohl größten Genie der Selbstvermarktung unter den zeitgenössischen Künstlern. Ihm war behördlicherseits gestattet worden, fernab aller Bauordnungen auf den Balkonen Bäume wachsen zu lassen und den Wänden Dauerwellen anzulegen. Nur von seinem Plan, auf den grasbewachsenen Dächern Ziegen weiden zu lassen, mußte er zuletzt doch Abstand nehmen.

Dafür, daß Friedensreichs Ruhm weiter wächst, ist vorgesorgt: Kurz nach Fertigstellung seines Gemeindebaus wurde in unmittelbarer Nähe sein KunstHausWien eröffnet, dessen 3500 Quadratmeter Ausstellungsfläche etwa zur Hälfte eigenen Werken vorbehalten ist. Im Rest werden Wechselausstellungen renommierter Künstler aus aller Welt gezeigt. Auch ein Einkaufszentrum ist in Betrieb, das den Andenkenhunger der Frem-

Von klassischem Reiz: Plastik auf Schloss Eckartsau ▽

△ Der Eingang zu Schloss Eckartsau, in dem Kaiser Karl I. 1919 als machtloser Monarch seine letzten Wochen in Österreich verbrachte

Im Paddelboot durch den Nationalpark Donauauen ▽

△ Das Fischrestaurant in Orth an der Donau

Blechener Don Quijote vor dem erhabenen Barockschloss Niederweiden ▽

den stillen soll – und selbstverständlich die bunten Kacheln und runden Kanten Marke Friedensreich trägt.

Rund ums Marchfeld

Das Marchfeld ist die Korn- und Gemüsekammer der Metropole. Doch daneben spielte die riesige Ebene östlich von Wien häufig auch die Rolle einer Schicksalslandschaft, in der nicht selten die Zukunft ganz Österreichs entschieden wurde. In seinem äußersten Norden, unweit der Dörfer Dürnkrut und Jedenspeigen, legte Rudolf I. 1278 den Grundstein für die Herrschaft der Habsburger über halb Europa, indem er in der ›größten Ritterschlacht aller Zeiten‹ das Heer Ottokars II. von Böhmen schlug. Und im äußersten Süden, auf Schloß Eckartsau, fand die Habsburger-Ära 640 Jahre später ihr endgültiges Ende, als Kaiser Karl I. hier im November 1918 die Erklärung zum Verzicht auf den ungarischen Thron unterzeichnete.

Ungarn, Böhmen, Schweden, Türken, Kuruzzen, Franzosen, Preußen, Russen – immer wieder diente das Marchfeld Angreifern als Aufmarschgebiet für den Sturm auf Wien. Doch in Phasen des Friedens war es dank seines Wildreichtums das bevorzugte Jagdrevier des Hochadels, der sich hier eine Reihe Schlösser bauen ließ wie Marchegg, Schlosshof, Niederweiden, Eckartsau, Orth.

Denkwürdig: Deutsch-Wagram

Mit der Gemeinde Deutsch-Wagram sind zwei denkwürdige Ereignisse verknüpft: zum einen die Eröffnung des ersten Teilstücks der Kaiser-Ferdinand-Nordbahn 1837. Sie führte zwölf Kilometer bis nach Floridsdorf, wurde mit einer englischen Dampflok auf englischen Schienen mit einem Lokführer aus Newcastle in Zylinder und weißen Handschuhen betrieben und ging als Österreichs erste Eisenbahnstrecke in die Annalen ein.

Zum anderen die Schlacht, bei der Napoleons Armee im Juli 1809 die von Erzherzog Karl angeführten Österreicher, nach deren vorausgegangenem Sieg bei Aspern, schlug. Dreißig Gedenksteine, -tafeln und -säulen erinnern in der Gegend an die kurze, aber folgenschwere Anwesenheit des großen kleinen Korsen.

△ Im Archäologischen Museum Carnuntinum von Bad Deutsch-Altenburg gibt es Funde, die entzücken ▽

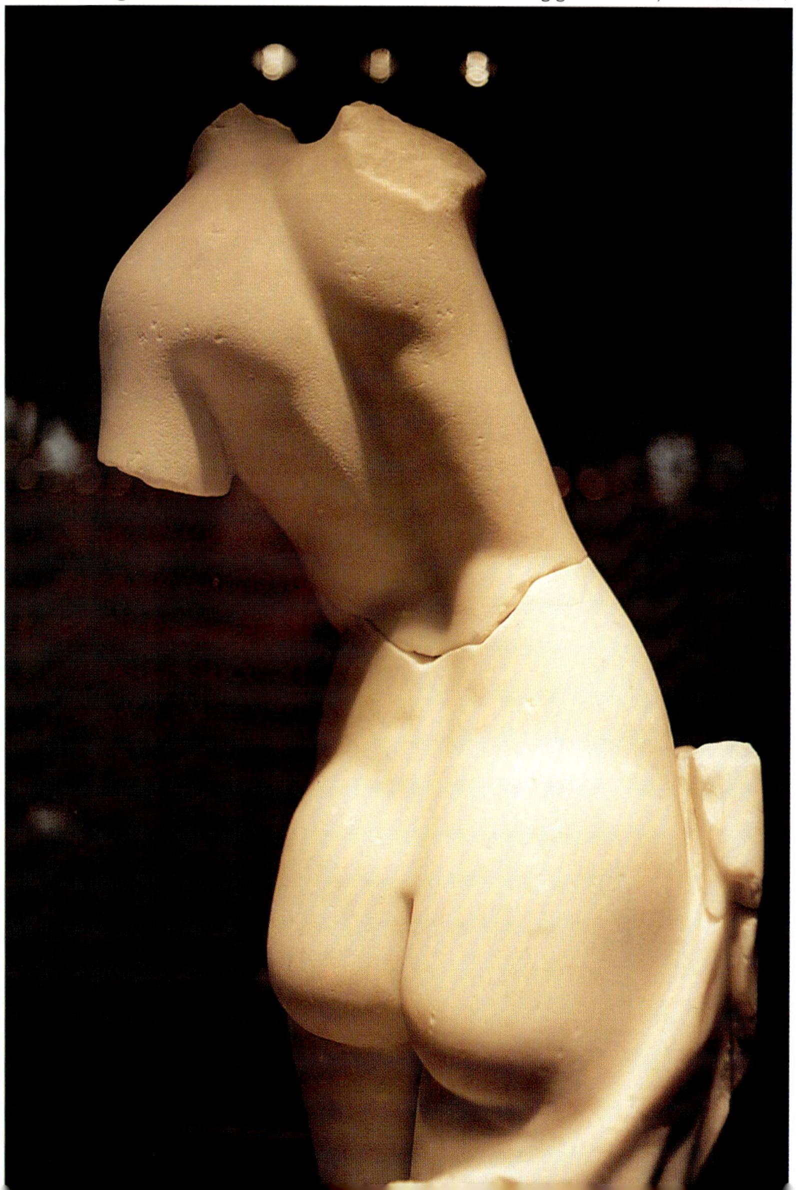

△ Eines der beiden Amphitheater im Archäologischen Park Carnuntum

△ Eine prächtige Portalfassade ziert das frühklassizistische Schloss der Grafen Harrach in Rohrau

△ Rohrau: Gemäldegalerie auf Schloss Harrach, ... Hof des Geburtshauses der Haydn-Brüder ▽

Römerruinen Carnuntum

Am südlichen Donauufer unweit der Marchmündung, dort, wo einst die zwischen Mittelmeer und Ostsee verlaufende Bernsteinstraße den Strom kreuzte, liegen die Reste der Römerstadt Carnuntum. Nirgendwo sonst in Österreich fühlt man sich so sehr in ein antikes Ambiente zurückversetzt wie zwischen den Ruinen dieses Militär-, Verwaltungs- und Handelsstützpunkts, in dem eine Zeitlang kein Geringerer als Kaiser Marc Aurel Kriegsrat und philosophische Einkehr hielt. Neben der heutigen Hauptstraße von Wien nach Bratislava/Preßburg ist noch die gepflasterte Trasse der damaligen Via Principalis erkennbar. Zwei Amphitheater und ein Diana-Tempel erinnern an Gladiatorenkämpfe und Götterkulte. Und selbst die Landschaft wirkt seltsam latinisiert, als wären die schmalen Pappeln Verwandte der Zypressen an der Via Appia und das Licht, in dem sie an pannonischen Sommertagen erstrahlen, von Leonardo oder Raffael gemalt.

Nationalpark Donauauen

Nördlich des Flusses erstreckt sich der Nationalpark Donauauen. Das über 9000 Hektar große Stück mitteleuropäischen Urwalds wurde Anfang der 1980er Jahre bekannt, als ihm aufgrund eines Kraftwerksprojekts die Überflutung drohte. Damals erhob sich breiter Protest, dessen Erfolg es zu verdanken ist, dass man diese Naturoase heute noch erleben kann, je nach Geschmack per pedes, in der Pferdekutsche oder im Kanu.

Haydn-Ort Rohrau

Viel zu selten besucht ist der an der Grenze zum Burgenland gelegene Ort Rohrau. Dabei wartet er gleich mit zwei sehenswerten Zielen auf: Zum einen mit jenem bescheidenen, schilfgedeckten Bauernhaus, in dem am 31. März 1732 Joseph Haydn und fünf Jahre danach sein Bruder und späterer Komponistenkollege Michael das Licht der Welt erblickten. Zum anderen mit dem prunkvollen Schloß der Grafen Harrach, das immerhin Österreichs größte private Sammlung von Gemälden des 17. und 18. Jahrhunderts beherbergt.

WIEN
Volksprater
Messe-
Messezentrum Prater
gelände
Trabrennbahn
2. LEOPOLDSTADT
Prater
Ernst-Happel-Stadion
Olympiaplatz
Krieau
Anschlußstelle Kaisermühlen
Donau-
insel
Knoten Kaisermühlen
Anschlußstelle Handelskai
Frachtenbf. Donaukaibf.
Praterkai
Unterer Prater
Fasan-
garten
Prater
Freudenau
Knoten Wien-Prater
Atominstitut d. österreichischen Universitäten
Schlachthausg.
Erdberg
Anschlußstelle St. Marx
Frachtenbf. Aspangbf.
Zentral-viehmarkt St. Marx
Kard.-Nagl-Pl.
Südosttangente Wien
Donauuferautobahn
Ostautobahn
Marchfeld
Nationalpark Donau-Auen
Lobau
KORNEUBURG
KLOSTER-NEUBURG
WIEN
SCHWECHAT
GROSSENZERSDORF
MARCHEGG
HAINBURG A. D. DONAU
BAD DEUTSCH-ALTENBURG
BRATISLAVA
Carnuntum
Fischamend Markt
Deutsch-Wagram
Orth a. d. Donau
Eckartsau
Engelhartstetten
Safari- und Abenteuerpark
Schl. Hof
Schl. Niederweiden
Petronell-Carnuntum
Rohrau
Prellenkirchen
Kittsee
Wolfsthal
Devínska Nová Ves
Stupava
Male Karpaty
MIKULOV
HOLÍČ
Mikulčice
LAA A.D. THAYA
MÖDLING
BRUNN A. GEBIRGE

Wo gibt es was?

Nadel-/Fähnchennummer = Textnummer ⓘ = Auskunft

Maßstab 1:23.500

Prater ①–⑥

Nach Freigabe der Praterauen 1766 durch Joseph II. etablierten sich östlich der über 100 Jahre später angelegten Straßenkreuzung Praterstern zahlreiche Gast- und Vergnügungsstätten. Daraus entwickelte sich jene Ansammlung von Wirtshäusern, Schaubuden und Volksbelustigungen, die man nach dem Hanswurst ›Wurstelprater‹ und später **Volksprater** ①, 2. Bez. (U 1, S 7 Praterstern), nannte. Wahrzeichen ist das 65 m hohe **Riesenrad** (1896/97). Die Konstruktion des britischen Ingenieurs Walter Basset erlangte dank Carol Reeds Nachkriegsthriller ›Der Dritte Mann‹ mit Orson Welles Weltberühmtheit. Von den Gondeln (eine Umdrehung ca. 15 Min.) hat man einen herrlichen Blick auf Wien und die Donaulandschaft (tgl. 9 oder 10–18, 22 oder 23 Uhr, Anf. Jan.–Mitte Febr. Urlaubssperre). Im **Planetarium** zu Füßen des Riesenrads werden regelmäßig astronomische Führungen veranstaltet. Angeschlossen ist das **Pratermuseum**, das mittels alter Plakate, Fotos, Schilder und Ringelspielfiguren Einblicke in die Pionierzeit des Wurstelpraters vermittelt (Info Tel. 7295494). Ganz in der Nähe startet das besonders bei Kindern beliebte Schmalspurbähnchen **Liliputbahn** zu seiner 4 km langen Rundfahrt.
Südöstlich des Vergnügungsparks liegt das große **Messegelände** ② der Stadt, auf dem 1873 die Wiener Weltausstellung stattfand. Südlich folgen Sporteinrichtungen: die **Trabrennbahn** ③ in der Krieau (Rennen jeden sa/so, Tel. 7280046-0), das **Ernst-Happel-Stadion** ④, Fußball, die **Galopprennbahn** ⑤ in der Freudenau (Rennen jeden sa/so, Tel. 7289535), dazwischen liegen Bowlinghalle, Stadionbad, Ferry-Dusika-Stadion (Radsport) und Golfplatz. Die gastronomischen Eckpfeiler des Praters bilden das für seine Schweinsstelzen und Schnitzel, sein Saftgulasch, frisch gezapftes Bier und den schattigen Gastgarten berühmte **Schweizerhaus** ①, Wurstelprater 116 (März–Okt. tgl. 10–23 Uhr), und das atmosphärisch wie kulinarisch deutlich gediegenere **Lusthaus** ⑥, einst kaiserlicher Jagdpavillon, Hauptallee/Freudenau 254 (Mai–Sept. mo, di, do, fr 12–23, sa/so 12–18, März, April, Okt. do bis di 12–18, Nov.–Febr. sa/so 12–18 Uhr).

Marina Wien ⑦

Nahe dem Hotel ›Holiday Inn‹, wo die Donau vom nahen Kraftwerk zu einem See gestaut ist, wurde 1999 ein exklusiver Jachthafen eröffnet: die Marina Wien (U 6 Handelskai). Hier können auch Gäste, die aus Deutschland über den Rhein-Main-Donaukanal anschippern, vor Anker gehen. Zugehörig ist ein Restaurant mit Holzterrasse, Handelskai 343 (mo–fr 10–23, sa/so/fei 8–23 Uhr, Tel. 7206160).

Maßstab 1:300.000

KunstHausWien ⑧–⑩

Ein ›Prototyp‹ des Hundertwasser-Stils ist das **KunstHausWien** (1991) ⑧, 3. Bez., Untere Weißgerberstr. 13 (Straßenbahn N, O), für zeitgenössische Ausstellungen mit typischem Hundertwasser-Café (tgl. 10–19, Führungen so, mo 11 u. 12 Uhr). In der Nähe liegt das **Hundertwasserhaus** ⑨, eine von Hundertwasser 1983–85 erbaute kommunale Wohnanlage, Kegelgasse/Ecke Löwengasse. Schräg gegenüber bietet das kleine Einkaufszentrum **Village**, Kegelg. 37–39, Hundertwasser-Souvenirs (tgl. 9–19 Uhr). Wegweisend für die moderne Architektur wurde das **Wittgensteinhaus** (1926) ⑩, 3. Bez., Kundmanng. 19 (U 3 Rochusgasse). Der auf einfachste Formen reduzierte kubische Bau ist ein Gemeinschaftswerk des Philosophen Ludwig Wittgenstein und des Loos-Schülers Paul Engelmann. Heute Sitz des Bulgarischen Kulturinstituts, kann es zu den Bürozeiten gern besichtigt werden (Tel. 7137495).

Deutsch-Wagram ⑪

Die an der Bundesstraße 8 gelegene Gemeinde informiert in ihrem Heimatmuseum u.a. über die napoleonischen Schlachten in der Gegend. Im östlichen Nachbarort *Strasshof* zeigt ›Das Heizhaus‹ alte Dampfrösser (beide Museen April–Ende Okt. so/fei 10–16 Uhr).

Marchfeldschlösser ⑫–⑯

Schloss Marchegg ⑫, das lange vor seiner Barockisierung Böhmenkönig Ottokar II. im 13. Jh. als Festung diente, wartet mit zwei interessanten Sammlungen auf: einem Jagd- und einem Afrikamuseum (Mitte März–Ende Nov., di–so 9–12 u. 13–17 Uhr, mo außer an fei geschl.). Die gleichnamige Stadt wurde als Bollwerk gegen Angreifer aus dem Osten streng nach Plan angelegt. Das sehenswerte **Auwald-Reservat** an ihrem Rand besitzt eine große Storchen-Kolonie (Infos über geführte Wanderungen Tel. 02214/2232).
Schlosshof ⑬, jenes ursprüngliche Kastell, das Prinz Eugen von J. L. von Hildebrandt zu einem heiteren Land- und Jagdsitz umbauen ließ, und auch das nahe, von J. B. Fischer von Erlach gestaltete **Schloss Niederweiden** ⑭ werden vom Marchfelder Schlösserverein verwaltet (beide: Mitte März–Anf. Nov. tgl. 10–17 Uhr).
Ein zauberhafter Park umgibt **Schloss Eckartsau** ⑮ heute Verwaltungssitz der Bundesforste. Die Innenräume mitsamt ihren fulminanten Fresken von Daniel Gran sind nur im Rahmen von Führungen zu besichtigen (sa/so/fei 11 u. 13 Uhr oder nach Voranmeldung Tel. 02214/2240). Das mittelalterlich anmutende **Schloss Orth** ⑯ birgt ein Donau-, Fischerei-, Bienenzucht- und Heimatmuseum (Mitte März–Mitte Nov. di–fr 9–12 u. 13–17, sa/ so/fei 9–17 Uhr). Das ›Uferhaus‹, Uferstr. 20, lädt zum Fischessen direkt an der Donau ein (do–di früher Mittag–mittlerer Abend, kein Tel.).

Nationalpark Donauauen ⑰

Das 9500 ha große Gebiet zwischen der Lobauer- und Hainburger Au ist Mitteleuropas letzter Auwald dieser Dimension und wurde 1996 unter strengstmöglichen Schutz gestellt. Über 5000 Tierarten und großartige Naturerlebnisse erwarten Besucher im Ostteil, der ab dem Auen-Info-Zentrum Forsthaus **Stopfenreuth** zu Fuß, mit Kutschen oder Boot erkundet werden kann (Anf. April–Nov. tgl. 8–20 Uhr).
ⓘ Auen-Info-Zentrum, A-2292 Stopfenreuth 12, Tel. 02214/2232.

Hainburg ⑱

Grenzstadt zur Slowakei an der Donau.
Sehenswert/Museum: Über der Stadt eine Burgruine (ganzj. begehbar), im wuchtigen Wienertor (13. Jh.) ein nettes Stadtmuseum (Mai–Okt. so 9 bis 12 u. 14–17 Uhr), in dem Innenhof des Hauses Wiener Str. 9 Reste von Österreichs einziger erhaltener gotischen Synagoge.
Veranstaltungen: Hist. Stadtmarkt (Juni); Burgspiele, Theater (Sommer); Konzerte (ganzj.) in der Konzerthalle der Austria Tabakwerke AG, Pressburger Reichsstr. 1.
ⓘ Gästeinformation, Hauptplatz 23, A-2410 Hainburg, Tel. 02165/62111-23.

Bad Deutsch-Altenburg ⑲

Der **Archäologische Park Carnuntum** ist in drei Kernzonen gegliedert. Im Kurort (Jod-Schwefelquelle) **Bad Deutsch-Altenburg** liegen Zone 1, Museum Carnuntinum, Badg. 40–46 (Mitte Jan.–Mitte Dez. di–so 10–17 Uhr), und Zone 2, Legionslager-Lagerstadt (ganzj. frei zugängl.). Zone 3 ist die Zivilstadt Carnuntum in **Petronell** (4 km westl.) mit antiken Mauern und Straßen, Tempel, Palastruine, Amphitheatern (Ende März–Ende Okt. mo–fr 9–17, sa/so bis 18 Uhr, zentrale Info Tel. 02163/2882). Wahrzeichen der alten Römerstadt ist das nahe Heidentor auf freiem Feld.
ⓘ Tourismusbüro, Badg. 17, A-2405 Bad Deutsch-Altenburg, Tel. 02165/62459.
Tourismusregion March-Donauland, Hauptstr. 296, A-2402 Petronell-Carnuntum, Tel. 02163/3555.

Rohrau ⑳

Marktgemeinde an der Leitha.
Museen: Auf Schloss Rohrau (frühklassizistischer Umbau 1776/77) die Graf Harrachsche Gemäldesammlung (Ostern bis Allerheiligen di–so 10–17 Uhr); Geburtshaus der Brüder Haydn (di–so 10–17 Uhr).
ⓘ siehe Bad Deutsch-Altenburg.

Die Hermesvilla im Lainzer Tiergarten, einst erbaut für Kaiserin Elisabeth, dient heute Sonderschauen des Historischen Museums der Stadt Wien.

Wienerwald und Wiener Wein

Ohne den Wienerwald, diesen rund 40 Kilometer breiten, hügeligen Grüngürtel, der weit bis in Wiens westliche Bezirke hineinreicht, wäre die Luft in der Stadt ungleich schlechter – und außerdem fehlte den wanderlustigen Wienern ein wichtiger Naherholungsraum. Wer weiß, vielleicht hätten auch der Wiener Wein und der Heurige unter anderen klimatischen Bedingungen nie ihren legendären Ruf erlangt. Spirituelles Herz im Süden ist Kloster Heiligenkreuz, Hauptort an der Thermenlinie das elegante Baden.

△ ›Ausg'steckt is‹: Der Föhrenbusch über dem Tor zeigt an, dass dieser Heurige in Grinzing geöffnet hat

△ Blick von den letzten Ausläufern des Wienerwalds hinab auf die Stadt

△ Die Josefskirche auf dem Kahlenberg

Zum Heurigen gehört Musik ▽

Typischer Heuriger: ein schattiger Gastgarten, frischer Wein und ein aufgeschlossenes Gegenüber zum Plaudern ▽

Zugegeben, die Herkunft der Namen der beiden Wiener Hausberge ist verwirrend: Bis ins späte 17. Jahrhundert trug der 484 Meter hohe Kahlenberg wegen des Wildschwein-Reichtums in seinen Wäldern den Namen Sauberg. Und die nur wenig niedrigere Nachbarkuppe hieß Kahlenberg. Als man jedoch auf letzterem 1683 zu Ehren des amtierenden Kaisers Leopold I. eine Kirche baute, taufte man gleich die ganze Anhöhe auf den Namen des Erlauchten um. Und der Sauberg wurde nun kurzerhand Kahlenberg genannt.

Wiener Weinberge

Umso klarer ist an Schönwettertagen der Blick von diesen beiden ›Bergen‹ auf Wien und die Donau bis zum Leithagebirge und die slowakischen Karpaten. In Grinzing, Währing und Hernals sind ihre Hänge weitflächig mit Weingärten überzogen. In ihnen wurzelt der Weltruhm des Heurigen. Schon vor über 2500 Jahren nutzten die Kelten den Lehmboden und das trockene Klima zum Weinbau. Systematischer wurde er zur Römerzeit betrieben. Und im Spätmittelalter gab es sogar innerhalb der Stadtmauern Weingärten. Ihre Erträge waren so enorm, dass man beim Bau des Stephansdoms minderwertige Weine zum Anrühren des Mörtels verwendete. Verwüstungen der Weingärten durch die Türken, eine hohe Besteuerung und die gefräßige Reblaus ließen die Zahl der Winzer im Laufe der Zeit dramatisch schrumpfen, und die verbliebenen verarmen. Sie erlebten erst nach dem Zweiten Weltkrieg eine Renaissance. Heute produzieren immerhin rund 650 Betriebe innerhalb der Stadtgrenzen auf 700 Hektar rund zweieinhalb Millionen Liter, teilweise hochwertigen Rebensaft.

Die Rettung des Wienerwalds

Auch die Existenz des Wienerwalds war, was heute kaum mehr vorstellbar ist, vor gar nicht langer Zeit, nämlich um 1870, bedroht. Die Stadt hat es der Protestkampagne eines Journalisten namens Josef Schöffel zu danken, dass der rund 1250 Quadratkilometer große Grüngürtel, der die Stadt von der Donau bis in die Gegend von Möd-

△ Klosterneuburg: der Turm-Zwilling der Stiftskirche ...

... und der schmucke Rathausplatz ▽

△ Erholung mit Naturgenuss: Föhrenforst im südlichen Wienerwald

△ Romantische ›Festung‹: Franzensburg im Park von Laxenburg

Mödlings Rathaus aus der Renaissance ▽

ling und Baden in einem Halbkreis umschließt, in jenen Zeiten der Armut nicht zwecks Holzgewinnung zur Gänze kahl geschlagen wurde. Zum Dank wurde der mit 893 Metern höchste Gipfel dieser Erholungslandschaft nach ihm benannt.

Stift Heiligenkreuz

Die Zivilisation hat im Land um Wien vor knapp 900 Jahren Einzug gehalten. Ihre Träger waren christliche Mönche, allen voran die Zisterzienser. Sie gründeten 1133 einen guten Tagesmarsch südwestlich der Stadt inmitten eines damals noch völlig unwegsamen Urwalds ein kleines Kloster: das spätere Stift Heiligenkreuz. Dabei trachteten sie, ganz im Geist ihres Ordensgründers, des heiligen Bernhard von Clairvaux, von ihrer Hände Werk zu leben. Wie jedes der damals bereits mehr als 400 über Europa verstreuten Zisterzienserklöster besaß auch dieses eine ›Grangie‹, einen Wirtschaftshof, der als agrarischer Musterbetrieb geführt wurde.

Das Hauptaugenmerk der Mönche galt der Land- und Forstwirtschaft, der Fischzucht und ganz besonders dem Weinbau. Wobei sie sich dank ihres europaweiten Informationsnetzes – alle Äbte trafen einander jährlich beim Generalkapitel in Cîteaux – stets der neuesten Technologien bedienen konnten. Hinzu kam eine rege Kolonisationstätigkeit, die bis nach Ungarn und Böhmen reichte und auf niederösterreichischem Gebiet zur Gründung der Stifte Zwettl (1138) und Lilienfeld (1202) führte.

Stift Klosterneuburg

Zweites hochmittelalterliches Zentrum von Kunst und Kultur im Wiener Raum war das vom Babenberger Markgraf Leopold III. gegründete Stift Klosterneuburg. Ab 1133 von Augustiner-Chorherren geführt, besaß es bereits im 13. Jahrhundert eine Lateinschule und im 15. dann eine astronomisch-kartographische Forschungsstätte, deren Mitarbeiter die damals besten Karten der Welt zeichneten.

Nach der Heiligsprechung Leopolds (1485) wurde das Stift zum Nationalheiligtum. Und Anfang des 18. Jahrhunderts machte Karl VI. Klosterneuburg, indem er es barock aus-

△ Kunstvolles Baden: der Undinen-Brunnen im Kurpark ...

... und das Frauenbad, in dem heute Ausstellungen stattfinden ▽

Barocke Pestsäule auf Badens klassizistischem Hauptplatz ▽

bauen ließ, zu einem steingewordenen Symbol für die Verbindung von Gottes- und Kaiserreich, zu einer Art österreichischem Escorial.

Laxenburg und Mayerling

Der kolossale Komplex ist heute das pompöseste, aber keineswegs einzige Zeugnis habsburgischer Präsenz im Nahbereich der Residenzstadt. In Laxenburg etwa stehen der Blaue Hof, eine auf Geheiß Leopolds I. errichtete und von Maria Theresia erweiterte Sommerresidenz, und die unter Franz I. erbaute Franzensburg, der kuriose, aber kostbar eingerichtete Nachbau einer mittelalterlichen Burg.

Mayerling nahe Heiligenkreuz wurde zum Schauplatz einer Tragödie, durch die Klatschpresse und Romanciers einen Gegenstand nicht enden wollender Mystifikationen gewannen. Tatsache ist, dass Kronprinz Rudolf im dortigen Jagdschloss am 30. Januar 1889 gemeinsam mit seiner Geliebten, Baronesse Mary Vetsera, unter nie ganz geklärten Umständen in den Freitod ging. Noch im selben Jahr erwarb Kaiser Franz Joseph, sein Vater, das Unglücksgebäude, ließ Teile demolieren und wandelte den Rest in ein Kloster für Karmeliterinnen um, damit Opfer und Gebet der frommen Schwestern die sündige Tat des Sohnes sühnen.

Wasser und Wein

Ungleich heiterere Assoziationen weckt Baden: Beethoven und Grillparzer, Beamte und Offiziere, die gute alte Sommerfrische, viel Grün und behäbige, von Wohlstand zeugende Villen. Zu Recht wird das Kurstädtchen mit dem homogenen klassizistischen Stadtbild bis heute mit Biedermeier und k.u.k. Österreich assoziiert und auch wegen seiner vielen schwefelhaltigen Thermalquellen gerne besucht.

An der Thermenlinie, der von Nord nach Süd verlaufenden Schnittstelle zwischen Wiener Becken und Wienerwald, liegen aber noch weitere Kur- und Winzerorte: Perchtoldsdorf etwa und Mödling, Maria Enzersdorf und das berühmte Gumpoldskirchen, deren Hauerhäuser aus Spätgotik, Renaissance und Barock zum Flanieren locken und danach zum Verkosten des edlen Rebensafts.

△ Rund 300 Säulchen aus rotem Marmor säumen den Kreuzgang des Zisterzienserstifts Heiligenkreuz

△ Heiligenkreuzer Kapitelsaal: Grablege von etlichen Babenbergern

Das Spielkasino von Baden gehört zu Europas größten ▽

STOCKERAU
KORNEUBURG
TULLN
KLOSTER-NEUBURG
WIEN
GROSSENZERSDF
GÄNSERNDORF
Deutsch-Wagram
Hochleiten-wald
Wolkersdf.
SCHWECHAT
Flughafen WIEN-SCHWECHAT
Fischamend Markt
PERCHTOLDSDF.
MÖDLING
Schl. Laxenburg
Laxenburg
Seegrotte
Heiligenkreuz
BADEN
BAD VÖSLAU
Tulbinger Kogel
Kahlenberg
Leopoldsberg
Purkersdf.
Pressbaum
Lainzer Tiergarten
Wienerwald
Nationalpark Donau-Auen
Lobau
Prater
Hofburg
Stephansdom
Belvedere
Schönbrunn
Ebreichsdorf
Trumau
Teesdorf
BERNDORF
ST. VEIT A.D. TRIESTING
Leobersdorf
Felixdorf
EBENFURTH
Sollenau
WIENER NEUSTADT
Bad Fischau
Piestingtal
Hohe Wand
Naturpark
Einhornhöhle
Eisenstein-höhle
PERNITZ
Gutenstein
Mayerling
Alland
Klausen-Leopoldsdorf
Hainburg
Leithagebirge
EISENSTADT
Neusiedlersee-Weinstraße
Buchkogel
Sonnenberg
Hornstein
Mannersdorf a. Leithageb.
Kaisereiche
Franz-Josefs-Warte
Lindkogel
Hoher Lindkogel
Großmittel
Steinfeld
Orth a.d.D.
Schl. Matzen
Schl. Bockfließ

Wo gibt es was?

Fähnchennummer = Textnummer ℹ = Auskunft

Winzerviertel ①–④

Heurigenlokale: Die Winzerviertel **Heiligenstadt** ① (U 4 Heiligenstadt, dann Bus 38 A), **Nussdorf** ② (Straßenbahn D), **Grinzing** ③ (Tram 38) oder **Sievering** ④ (Bus 39 A), 19. Bez., laden mit ihren Buschenschanken zum geselligen Umtrunk samt Speis und Live-Musik ein (aktuelle Informationen auch in den Tageszeitungen).
Beethoven-Gedenkstätten am Nordrand des 19. Bez.: Im Eroica-Haus, Döblinger Hauptstr. 92, komponierte Beethoven die gleichnamige Symphonie, im Heiligenstädter Testament-Haus, Probusg. 6, verfasste er seinen letzten Willen, im Beethovenhaus, Pfarrplatz 2, wo jetzt der Prominenten-Heurige ›Mayer am Pfarrplatz‹ residiert, entstanden Teile der 9. Symphonie (alle di–so 9–12.15 u. 13– 16.30 Uhr).
Grinzinger Friedhof: Letzte Ruhestätte des Komponisten Gustav Mahler (1860 bis 1911) und des Schriftstellers Heimito von Doderer (1896–1966), Zugang über Himmelstraße und Mannagettagasse.
Kahlenberg (484 m): Die Kirche erinnert daran, dass sich hier 1683 österreichisch-polnische Truppen zur Entsatzschlacht gegen die Türken sammelten.
Leopoldsberg (425 m): Die Ruinen sind Reste einer Babenberger-Festung (13. Jh.). Beide Anhöhen bieten einen herrlichen Panoramablick über Wien bis zu den Karpaten (U 4 Heiligenstadt, dann Bus 38 A); für Wanderer (ca. 2 Std.) den Schreiberbach entlang durchs Mukental und von dort über eine lange Treppe auf den Kahlenberg.

Klosterneuburg ⑤

Die Stadt (33 000 Einw.) war ab 1113 Residenz der Babenberger (1246 ausgest.).
Sehenswert ist das Stift (1114 gegr., seit 1133 von Augustiner-Chorherren geführt). Besondere Beachtung in dem stark befestigten mittelalterlichen Stiftsbau verdienen der gotische Kreuzgang, die später barockisierte Kirche, die Grabkapelle des Stifters Leopold III. († 1136) mit dem Verduner Altar, einem Meisterwerk der Emaillierkunst (1181/1330), und die Sebastianikapelle mit dem Albrechtsaltar (1437–39). Im angrenzenden barocken Residenztrakt mit seinen zwei Kuppeln lohnen vor allem der Marmorsaal, Kaiserstiege und Kaiserzimmer (Stift-Führungen zur vollen Std. tgl. 9–17 Uhr; Stiftsmuseum 9–17 Uhr).
In der Stadt schöne Gebäude-Ensembles um Rathaus- und Stadtplatz, romanische Gertruds- und hochgotische Martinskirche.
Museen: Archäologisches Museum, Unterkirche St. Martin (tgl. 9–16 Uhr); Stadtmuseum, Kardinal-Piffl-Platz 8 (sa 14–18 u. so/fei 10–18 Uhr); Mährisch-Schlesisches Heimatmuseum, Schießstadtg. 2 (di 10–16, sa 14–17, so/fei 10–13 Uhr); Sammlung Essl, Malerei seit 1945, Aufeldgasse (di–so 10–19, mi bis 21 Uhr); Gedenkstätte für Franz Kafka (1883–1924) im ehem. Sanatorium Hofmann im Ortsteil Kierling (mo–sa 9–12 u. 14 –17 Uhr).
ℹ Tourismusinformation,
In der Au, A-3400 Klosterneuburg,
Tel. 02243/32038.

Purkersdorf ⑥

Wiennaher Ort am Rand des Wienerwalds.
Sehenswert: Das Sanatorium Purkersdorf (1906), Jugendstilbau von Josef Hoffmann, Wiener Str. 74 (Schnellbahn Purkersdorf-Sanatorium). Die Post (1796) am Hauptplatz erinnert an die einstige Bedeutung des Ortes als Maut- und Poststation.
ℹ Tourismusregion Wienerwald,
Hauptplatz 11, A-3022 Purkersdorf,
Tel. 02231/3601.

Lainzer Tiergarten ⑦

Das einst kaiserliche Jagdrevier, 13. Bez., Hermesstraße, Eingang Lainzer Tor (Straßenbahn 60, 62, Bus 60 B) bildet den östlichen Abschluss des Wienerwalds. In dem Areal (2450 ha) leben Wildschweine und Rotwild (freies Gelände), Mufflons und Damwild (Tiergehege beim Lainzer Tor), Wildpferde und Auerochsen (Tiergehege Hohenauer Teich); es gibt ca. 80 km Wanderwege, Rasthäuser, Kinderspielplätze und den Aussichtsturm (14 m) Hubertuswarte am Kaltenbründlberg (508 m). Die Hermesvilla (1882–86), das frühere Jagdschlösschen, dient heute kunst- und kulturgeschichtlichen Wechselausstellungen (mi–so/fei 9–16.30 Uhr); die Stallungen sind das Sommerquartier der Lipizzaner.

Perchtoldsdorf ⑧

Der alte Festungsort ist heute Winzerort.
Sehenswert ist das Zentrum mit gut erhaltenem mittelalterlichem Wehrkomplex samt gotischer Pfarrkirche, Martinskapelle (1520), Pestsäule (1713).
Museen am Marktplatz: im Alten Rathaus Osmanen-, Weinbau- u. Deutschmeister-Museum, Ausstellung zum Maler Hans Fronius; im Wehrturm (1450–5121) Museum für Ortsgeschichte, Gedenkstätte für Pfarrer Thomas Ebendorfer (beide: Palmsonntag–Anf. Nov. sa/so/fei 10–17 Uhr).
Veranstaltungen: Sommerspiele (Juli) auf der Burg (12. Jh.); Weinkost (Aug.).
ℹ Gemeindeamt, Marktplatz 11,
A-2380 Perchtoldsdorf, Tel. 01/866830.

Mödling ⑨

Biedermeier-Städtchen (20 100 Einw.), das als Sommerfrische seit Anfang des 19. Jh. scharenweise berühmte Künstler anlockte.
Sehenswert: Karner mit Fresken (13. Jh.), spätgotische Spitals- und Othmarskirche, Rathaus aus der Renaissance.
Umgebung: Die *Romantikburg Liechtenstein* (Kern 12. Jh.; April–Okt. di–so 9.30 bis 17 Uhr) überragt die *Hinterbrühl*, ein Seitental (4 km nordwestl.) mit idyllischem Gasthof ›Höldrichsmühle‹ (tgl. 7–22 Uhr) und Seegrotte (6200 qm), Europas größtem Höhlensee (Führungen tgl. 9–17 Uhr, Bootsfahrten). Berühmter Kur- und Winzerort ist *Gumpoldskirchen* (3 km südl.).
Volkskundemuseum, Josef-Deutsch-Platz 2 (sa/so 10–12 u. 14–18 Uhr).
ℹ Fremdenverkehrsverein, Kaiserin-Elisabeth-Str. 2, A-2340 Mödling,
Tel. 02236/267270.

Laxenburg ⑩

Die einst habsburgische Sommerresidenz ist heute ein herrliches Erholungsgebiet.
Sehenswert: Die Franzensburg (1798 bis 1836), ausstaffiert mit zahllosen Kostbarkeiten (Führungen Ostern–Okt. bei Schönwetter tgl. 11, 14, 15.30, Hochsommer auch 16 Uhr, Turm- u. Dachführung 12 u. 15 Uhr) thront inmitten eines prächtigen Parks (250 ha, ganzjährig geöffnet).
ℹ Gemeindeamt, A-2361 Laxenburg,
Tel. 02236/71101.

Heiligenkreuz ⑪

Der Ort ist das spirituelle und kulturelle Herz des südlichen Wienerwalds.
Sehenswert: Zisterzienserstift (12./13. Jh.) mit Kirche, Kapitelsaal mit Grab Friedrichs II., des Streitbaren († 1246), Kreuzgang samt Brunnenhaus (tgl. 9–11.30 u. 13.45–16/17 Uhr, Führungen mo–sa 10, 11, 14, 15, so/fei 11, 14, 15, 16 Uhr).
Umgebung: In *Mayerling* (4 km südwestl.) Gedächtniskirche des Nonnenklosters und Ausstellung (tgl. 9–12.30 u. 13.30–17/18 Uhr) zum Freitod Kronprinz Rudolfs 1889.
ℹ Gemeindeamt, A-2286 Heiligenkreuz 15, Tel. 02258/8720.

Baden ⑫

Gepflegtes Kurstädtchen (30 000 Einw.); Sommerresidenz (1813–34) Kaiser Franz' I.
Sehenswert: Hauptplatz mit Kaiserhaus (1792), Rathaus (1815), Dreifaltigkeitssäule (1718); Josefsbad und Frauenbad (1820, Austellungen); Rosarium im Doblhoffpark.
Museen: Puppen- und Spielzeugmuseum, Erzherzog-Rainer-Ring 23; Beethovenhaus, Rathausg. 10 (beide di–fr 16–18, sa/so/fei auch 9–11 Uhr); Städt. Rollettmuseum, Weikersdorfer Platz 1 (mi–mo 15–18 Uhr); Kaiser-Franz-Josefs-Museum, Hochstr. 51 (April–Okt. di–so 13–18 Uhr).
Aktivitäten: Spielcasino (tgl. 15–3 Uhr); Thermalstrandbad; 60 km markierte Wanderwege durchs Waldgebiet Helenental.
Veranstaltungen: Schauspiel, Operette, Musical im Theater; Operetten in der Sommerarena; Trabrennen (Juni–Aug.)
ℹ Touristinformation, Brusattiplatz 3,
A-2500 Baden, Tel. 02252/22600600.

Maßstab 1:250.000 (0 – 2,5 – 5 – 7,5 – 10 – 12,5 km)

Touristik-Informationen

Adressen

Infos in Deutschland: Österreich-Information, Postfach 701580, 81315 München, Tel. 089/66670100, Fax 66670200, eMail info@oewmuc.de, www.austria-tourism.at
Infos in Österreich: Wiener Tourismusverband, Obere Augartenstr. 40, A-1025 Wien, Tel. 21114-222, Fax 2168492, www. info.wien.at/, eMail info@info.wien.at; Hotelreservierungs-Service, Tel. 21114-444 (mo–sa, Mai–Sept. auch so 10–18 Uhr), eMail rooms @info.wien.at (nicht für Gruppen und Reisebüros).
Weitere Informationsstellen, die auch Zimmer vermitteln: Kärntner Str. 38 (ab Mitte Juni Albertinaplatz; tgl. 9–19 Uhr); Westbahnhof: Eingangshalle/Parterre (tgl. 7 bis 22 Uhr); Flughafen/Schwechat, Ankunftshalle vis-à-vis der Gepäckausgabe (tgl. 8.30–21 Uhr); Westautobahn A 1: Autobahnstation Wien/Auhof (April–Okt. tgl. 8–22, sonst 10–18 Uhr); Südautobahn A 2, Abfahrt Zentrum (tgl. Juli–Sept. 8–22, 4. April–Juni u. Okt. 9–19 Uhr); Nordeinfahrt: Floridsdorfer Brücke/Abfahrt Donauinsel (Mai–Sept. tgl. 10–18 Uhr). Tickets und Rat für junge Leute: wienXtra-jugendinfo, Wien 1, Dr.-Karl-Renner-Ring/Bellaria-Passage (ab Frühj. 2000 Babenbergerstr. 1; mo–sa 12–19 Uhr), Tel. 1799, eMail jugendinfowien@blackbox.at
Deutsche Botschaft, A-1030 Wien, Metternichg. 3, Tel. 71154-0 (mo–fr 9–12 Uhr).

Anreise

Bahn: Von Deutschland gibt es mehrmals täglich schnelle Direktverbindungen nach Wien. Ankunft aus Richtung München/Frankfurt am Westbahnhof (15. Bez., Mariahilfer Straße/Gürtel), aus Berlin/Dresden am Franz-Josefs-Bahnhof (9. Bez., Julius-Tandler-Platz). Fahrplanauskünfte: Tel. 1717.
Pkw: Von Süddeutschland auf der Westautobahn (A 1); von Ostdeutschland über Prag auf der Bundesstraße 2 über Hollabrunn und die A 21 (siehe Autofahren).
Flugzeug: Austrian Airlines und Lufthansa fliegen mehrmals täglich von diversen deutschen Städten Wien an. Der Flughafen Schwechat liegt 19 km südöstl. des Stadtzentrums. Transfer-Busse alle 20 Minuten zum City Air Terminal (Wien 3, Am Stadtpark/Hotel Hilton) und regelmäßig zum Süd- und Westbahnhof. Preiswerter, langsamer und seltener die Linie S 7.

Camping

Campingplätze in Wien existieren An der Neuen Donau, 22. Bez., Tel. 2024010, in Rodaun, 23. Bez., Tel. 8884154, und in Hütteldorf, 14. Bez., Tel. 9142314.

Einkaufen

Als Wiens eleganteste Geschäftsstraßen gelten Graben, Kohlmarkt, Kärntner Straße im 1. Bez. Kaufhäuser sind hier u. a. Steffl, Kärntner Str. 19, und das Haas-Haus am Stephansdom. Längste und wichtigste Einkaufsstraße ist die Mariahilfer Straße, 7. Bez., mit zahllosen Einzelhandelsgeschäften. Immer für ein Schnäppchen gut sind ihre beiden Konsumtempel Stafa, Nr. 120, und Gerngross, Nr. 38–48. Fundgruben sind auch die vielen kleinen Läden in den Seitengassen von Mariahilf, Neubau und der Josefstadt. Zentrumsferne Shoppingmeilen sind die Favoritenstraße, 10. Bez., und die Landstraßer Hauptstraße, 3. Bez.

Sündhaft süßer Klassiker der Wiener Mehlspeisenküche ist die Sachertorte aus Schokolade und Marmelade. Dazu eine Melange.

Essen und Trinken

Die Wiener Küche entstand aus der Kombination böhmischer, ungarischer, italienischer, jüdischer und etlicher anderer Kochtraditionen. Manche Speise mag daher für Nicht-Wiener exotisch klingen. Gemeinhin wird die Wiener Küche mit Schnitzel (von Schwein oder Kalb), Tafelspitz (vom Rind), Palatschinken (Pfannkuchen), Beuschel (kleingeschnittene Innereien in Sauce) und Knödel (Klöße) assoziiert. Gern gegessen und zu übersetzen sind u.a. auch: Backhendl (Backhuhn), Blunzn (Blutwurst), Buchteln (Hefegebäck, oft mit Vanillesauce), Fisolen (grüne Bohnen), Frankfurter (Wiener Würstchen), Fritatten (Pfannkuchen-Streifen als Suppeneinlage), Geselchtes (geräuchertes Fleisch), Krenfleisch (gekochtes Schweinefleisch mit geriebenem Meerrettich), Kukuruz (Mais), Paradeiser (Tomaten), Powidl (Pflaumenmus), Schwammerls (kleine Pilze), Stelze (Unterschenkel von Kalb oder Schwein), Topfen (frischer Quark). Dazu ein Auszug aus dem **Kaffee-Lexikon:** Schwarzer (Mokka), Brauner (›Schwarzer‹ mit Milch oder Kaffeesahne), Melange (leicht aufgeschäumter Milchkaffee), Einspänner (›Schwarzer‹ im Glas mit Schlagobers), Schlagobers (Schlagsahne) – und ein Krügel/Seidl ist ein Halb-/Drittelliter-Glas Bier.

Feiertage

Neujahr (1. Jan.), Heilige Drei Könige (6. Jan.), Ostermontag, Tag der Arbeit (1. Mai), Christi Himmelfahrt, Pfingstmontag, Fronleichnam, Mariä Himmelfahrt (15. Aug.), Nationalfeiertag (26. Okt.), Allerheiligen (1. Nov.), Mariä Empfängnis (8. Dez.) sowie Weihnachten (25./26. Dez.).

Frauen

Hotels und reiches Programm für alleinreisende Frauen und Frauengruppen in Wien, Salzburg und Graz bietet ›best for ladies‹, Wilhelm-Kress-Str. 19, A-5020 Salzburg, Tel. 0043/662/438709-2, Fax 438709-4, www.best-for-ladies.at, eMail info@best-for-ladies.at

Fundbüros

Zentrales Fundamt (mo–fr 8–12 Uhr): 9. Bez., Wasag. 22, Tel. 31344-9211 o. 9217. Bei Verlust in U-Bahn, Bus, Straßenbahn unter Tel. 31344-9205, im Zug unter 5800-35656 nachfragen; auch bei der Polizei.

Jugendherbergen

Jugendherbergen bzw. -gästehäuser u.a. im 7. Bez., 14. Bez. (Hütteldorf), 20. Bez. (Brigittenau) und auf dem Wilhelminenberg

weiter auf Seite 110

Reisedaten Wien

Flug von Deutschland	Inlandsverkehr	Reisepapiere	Devisen	Mietwagen	Benzin	Hotel	Pension	Menü	Einfaches Essen	Ortszeit	Tipp
ab 630 DM Wochenendflug Frankfurt/M.–Wien und zurück	Bus Wien–St. Pölten ca. 15 DM	Personalausweis oder Reisepass	1 DM = 7 österr. Schillinge (öS/ATS)	ab 150 DM pro Tag (unbegrenzte Kilometer, Versicherung)	1 Liter Super: 1,70 DM	DZ/Frühstück: Luxuskat. ab 280 DM, Mittelklasse um 160 DM	EZ ab 45 DM DZ ab 70 DM pro Tag	3 Gänge mittlere Kat. ab 25 DM	Tellergericht ab 10 DM	MEZ	Wien-Karte: Ermäßigung für Nahverkehr und Museen

Ausgewählte Hotels und Restaurants

Hotels

Luxusklasse

Holiday Inn Crowne Plaza Vienna * * * *
2. Bez., Handelskai 269, A-1020 Wien, Tel. 72777, Fax 72777199. 367 Zimmer, EZ ab 280 DM, DZ ab 280 DM. Umgebauter Getreidesilo direkt am Donauufer mit schönem Panoramablick und praktischer Nähe zum Flughafen.

Im Palais Schwarzenberg * * * * *
3. Bez., Schwarzenbergplatz 9, A-1030 Wien, Tel. 7984515, Fax 7984714. 44 Zimmer, EZ ab 430 DM, DZ ab 490 DM. Fürstlich und ganz individuell wohnt es sich in dem Barockpalais.

Imperial * * * * *
1. Bez., Kärntner Ring 16, A-1015 Wien, Tel. 50123-0, Fax 50123410. 128 Zimmer, EZ ab 630 DM, DZ ab 785 DM. Hier logieren die Staatsgäste und Stars.

Sacher * * * * *
1. Bez., Philharmonikerstr. 4, A-1010-Wien, Tel. 51456, Fax 51456810. 108 Zimmer, EZ ab 360 DM, DZ ab 400 DM. Klassiker seit Kaisers Zeiten, nicht nur wegen der Schokoladentorte.

Zentral gelegen

Astoria * * * *
1. Bez., Kärntner Str. 32–34, A-1015 Wien, Tel. 515770, Fax 5157782. 108 Zimmer, EZ ab 185, DZ ab 280 DM. Haus im Jugendstil mit zeitgemäßem Komfort.

Graben * * * *
1. Bez., Dorotheerg. 3, A-1010 Wien, Tel. 5121531, Fax 512143120. 46 Zimmer, EZ ab 170, DZ ab 230 DM. Wohnen wie im Biedermeier im Herzen der City-Fußgängerzone.

Kaiserin Elisabeth * * * *
1. Bez., Weihburgg. 3, A-1010 Wien, Tel. 515260, Fax 515267. 53 Zimmer, EZ ab 210, DZ ab 350 DM. Gediegenes Stadthotel in bester Lage.

Kärntnerhof * * *
1. Bez., Grashofg. 4, A-1011 Wien, Tel. 5121923, Fax 513222833. 43 Zimmer, EZ ab 70, DZ ab 100 DM. Ohne besonderes Flair; dafür extrem zentral und günstiges Preis-Leistungs-Verhältnis.

Pension Neuer Markt * * * *
1. Bez., Seilerg. 9, A-1010 Wien, Tel. 5122316, Fax 5139105. 37 Zimmer, EZ ab 80, DZ ab 100 DM. Modernes, komfortables Haus gleich neben der Fußgängerzone Kärntner Straße.

Pension Pertschy * * * *
1. Bez., Habsburgerg. 5, A-1010 Wien, Tel. 53449-0, Fax 5344949. 47 Zimmer, EZ ab 100, DZ ab 150 DM. Klassisch-stilvolles Wohnen in einem Altwiener Wohnhaus.

Besonderes Ambiente

Das Triest * * * * *
4. Bez., Wiedner Hauptstr. 12, A-1040 Wien, Tel. 58918-0, Fax 5891818. 59 Zimmer, nur DZ ab 370 DM. Ultraschickes Designer-Hotel in ehemaligen, gekonnt adaptierten Pferdestallungen.

König von Ungarn * * * *
1. Bez., Schulerstr. 10, A.1010 Wien, Tel. 515840, Fax 515848. 33 Zimmer, EZ ab 230, DZ ab 330 DM. Stilvolles altes Gemäuer (17. Jh.). Wunderbarer Innenhof. Lange im voraus buchen!

Parkhotel Schönbrunn * * * *
13. Bez., Hietzinger Hauptstr. 10–20, A-1130 Wien, Tel. 87804, Fax 878043220. 434 Zimmer, EZ ab 180, DZ ab 255 DM. Franz Josephs Gästehaus hat ein gewisses imperiales Flair bewahrt.

Theater-Hotel in der Josefstadt * * * *
8. Bez., Josefstädter Str. 22, A-1080 Wien, Tel. 4053648, Fax 4051406. 54 Zimmer, EZ ab 180, DZ ab 300 DM. Mit gutbürgerlichem Charme.

Vienna Plaza * * * * *
1. Bez., Schottenring 11, A-1010 Wien, Tel. 31390-0, Fax 31390-160. 218 Zimmer, EZ/DZ ab 370 DM. Zur Hilton-Kette gehöriges Haus in – nachempfundenem – Jugendstil mit Top-Qualität.

Preiswert und gut

Carlton Opera * * *
4. Bez., Schikanederg. 4, A-1040 Wien, Tel. 5875302, Fax 5812511. 52 Zimmer, EZ ab 115, DZ ab 140 DM.

Ibis Wien * * *
6. Bez., Mariahilfer Gürtel 22–24, A-1060 Wien, Tel. 59998, Fax 5979090. 341 Zimmer, EZ ab 130, DZ ab 140 DM.

Kugel * *
7. Bez., Siebensterng. 43, A-1070 Wien, Tel. 5233355, Fax 5236674. 38 Zimmer, EZ ab 57, DZ ab 110 DM.

Pension Franz * *
9. Bez., Währinger Str. 12, A-1090 Wien, Tel. 3104040, Fax 343637-23. 25 Zimmer, EZ ab 85, DZ ab 130 DM.

Rathaus * *
8. Bez., Lange Gasse 13, A-1080 Wien, Tel. 4060123, Fax 4084272. 43 Zimmer, EZ ab 77, DZ ab 130 DM.

Strandhotel Alte Donau * *
22. Bez., Wagramer Str. 51, A-1220 Wien, Tel. 2044094, Fax 2044094-40. 33 Zimmer, EZ ab 65, DZ ab 100 DM. Eigener Badestrand.

Restaurants

Luxuriös

Altwienerhof
15. Bez., Herklotzg. 6, Tel. 8926000. Klassische Grande Cuisine an unauffälliger Vorstadtadresse. Hervorzuheben sind der stimmungsvolle Gastgarten und der sehr reich bestückte Weinkeller; sa/so geschl. 1. Pk

Korso im Bristol
1. Bez., Mahlerstr. 2, Tel. 51516-546. Das Hotelrestaurant in glamourös-plüschigem Ambiente vis-à-vis der Oper bietet das Beste der neuen österreichischen Küche; sa geschl. 1. Pk

Steirereck
3. Bez., Rasumofskyg. 2, Tel. 7133168. Kulinarische Gesamtkunstwerke in festlichem Rahmen. Mittags gibt's vergleichsweise preiswerte Dreigänge-Menüs; sa/so geschl. 1. Pk

Zu den drei Husaren
1. Bez., Weihburgg. 4, Tel. 5121092-0. Exquisites Abendrestaurant mit traditionsreichem Interieur, perfektem Service und einer Küche, deren Qualität keine Wünsche offen läßt. 1. Pk

Do & Co im Haas-Haus‹
1. Bez., Stephansplatz 12, Tel. 535396918. Zum Panoramablick aus dem 6. Stock werden erstklassige frische Meerestiere kredenzt. 1. PK

Gutbürgerlich

Gulaschmuseum
1. Bez., Schulerstr. 20, Tel. 5121017. Gulasch in 15 Varianten. 2. Pk

Hietzinger Bräu
13. Bez., Auhofstr. 1, Tel. 8777087. Wiens Rindfleisch-Mekka, extrem sättigend, gepflegte Atmosphäre. 2. Pk

Stomach
9. Bez., Seeg. 26, Tel. 3102099. Originelle Küche heimischer Provenienz mit einem Schwerpunkt auf vegetarischer Kost. Altes Gemäuer, stimmungsvoller Innenhof; mo, di geschl. 2. Pk

Echte Wiener Beisln

Pfudl
1. Bez., Bäckerstr. 22, Tel. 5126705. Traditionsbewusste Küche, gemütliche Räume. 2. Pk

Schnattl
8. Bez., Lange Gasse 40, Tel. 4053400. Gutbürgerliches Edelbeisl, das seine steirischen Wurzeln weder auf der üppigen Speise- noch der Weinkarte verleugnet; so geschl. 2. Pk

Smutny
1. Bez., Elisabethstr. 8, Tel. 5871356. Traditionelle Wiener Küche mit Hauerweinen von heimischen Reben in zentraler Lage: zwei Minuten von Ringstraße und Oper. 3. Pk

Ubl
4. Bez., Preßg. 26, Tel. 5876437. Hausmannskost fast wie daheim bei Mama in der behaglichen, holzgetäfelten Gaststube. 3. Pk

Zu den drei Buchteln
5. Bez., Wehrg. 9, Tel. 5878365. Echt böhmische Küche mit ebensolchen frischgezapften Bieren; so geschl. 3. Pk

Zur Goldenen Glocke
5. Bez., Schönbrunner Str. 8, Tel. 5875767. Bodenständige Beisl-Küche mit extrem gemütlicher Weinlaube im Innenhof; so geschl. 3. Pk

Kaffeehäuser

Central
1. Bez., Herreng. 14, Tel. 5359905. Prunkcafé, in dem um 1900 Wiens Großgeister ein und aus gingen; so geschl. 1. Pk

Demel
1. Bez., Kohlmarkt 14, Tel. 5336020. Berühmteste Konditorei der Stadt. 1. Pk

Hawelka
1. Bez., Dorotheerg. 6, Tel. 5128230. Bohemien-Atmosphäre auf engstem Raum. Berühmt: die heißen Buchteln am späten Abend; mo, di geschl. 2. Pk

Landtmann
1. Bez., Dr.-Karl-Lueger-Ring 4, Tel. 53206210. Treffpunkt für Politiker, Medienleute und Schauspieler des benachbarten Burgtheaters. 1. Pk

Szenetreffs – nach Mitternacht

Krah-Krah
1. Bez., Rabensteig 8, Tel. 5338193. Mekka für Bierfreunde. Dichtes Gedränge, laute Musik, rauchige Luft, schier endlose Theke. 2.Pk

Ma Pitom
1. Bez., Seitenstetteng. 5, Tel. 5354913. Bermuda-Dreieck-Restaurant mit Bar. 2. Pk

Neuer Engel
1. Bez., Rabensteig 5, Tel. 5354105. Kleine, meist überfüllte Szene-Bar mit reichhaltigem und exotischem Angebot an Hochprozentigem. 2. Pk

Planter's Club
1. Bez., Zelinkag. 4, Tel. 5333393. Enormes Getränkeangebot in exotischem Kolonialflair. Restaurant ›Livingstone‹ nebenan orientiert sich an aktuellen Trends der US-Westküste. 1. Pk

Reiss Bar
1. Bez., Marco-d'Aviano-Gasse 1, Tel. 5127198. Seit Jahrzehnten der Champagnertreff für die arrivierten Schicken und Schönen. 1. Pk

Salzamt
1. Bez., Ruprechtsplatz 1, Tel. 5335332. Spartanisch-eleganter Designer-Schick der 1980er Jahre, gutes Essen, viel Prominenz, 2. Pk

Heurige

Augustinerkeller
1. Bez., Augustinerstr. 1, Tel. 5331026. Traditionsreicher Stadtheuriger im urigen Kellergewölbe gleich neben der Oper. 2. Pk

Sirbu
19. Bez., Kahlenberger Str. 210, Tel. 3205928. Inmitten von Weingärten *der* Heurige mit dem schönsten Panoramablick auf die Stadt; April–Okt. tgl., sonst so geschl. 3. Pk

Weingut Haus Schmidt
21. Bez., Stammersdorfer Str. 105, Tel. 2926688. Guter Standard mit gepflegten Weinen und Buffettangeboten; mo–mi u. Juli geschl. 3. Pk

Zimmermann
19. Bez., Armbrusterg. 5, Tel. 372211. Prominentenheuriger. Exzellentes warmes Buffett, Musik nur auf Bestellung; so. geschl. 2. Pk

Preiskategorien
1. Pk = Menü ab ca. 50 DM, oder hochpreisiges Café bzw. Szenelokal
2. Pk = Menü ca. 25–50 DM oder mittelpreisiges Café bzw. Szenelokal
3. Pk = Menü unter ca. 25 DM oder niedrigpreisiges Café bzw. Szenelokal

Stand: Januar 2000

Touristik-Informationen

Wiens kulturelles Angebot ist enorm: Straßenverkäufer in historischen Kostümen – wie hier vor der Pestsäule – bieten Konzertkarten an.

mit großartigem Stadtblick. Infos: Österreichischer Jugendherbergsverband, Tel. 5335353 oder Jugendherbergswerk, Tel. 5331833-0. In den Ferienmonaten bieten auch so genannte Saisonhotels, kurzfristig umfunktionierte Studentenheime, preiswerte Unterkunft.

Kinderprogramme

Broschüre: Über spezielle Freizeitangebote und Einrichtungen für den Nachwuchs informiert die Broschüre ›Wien – kinderleicht‹ der Wiener Kinderfreunde; erhältlich unter Tel. 4027591.

Bühnen mit eigenen Kinderprogrammen: Marionettentheater im Schloss Schönbrunn, Tel. 8173247; Metropolino, 17. Bez., Hernalser Hauptstr. 55, Tel. 40777407; Puppentheater Lilarum, 14. Bez., Philippsgasse 8, Tel. 8942103; Renaissancetheater, 7. Bez., Neubaug. 38, Tel. 521100; Urania Puppenspiele, 1. Bez., Uraniastr. 1, Tel. 7126191-0.

Konzerte

Klassisch: Staatsoper, 1. Bez., Opernring 2, Tel. 51444-0; Konzerthaus, 3. Bez., Lothringerstr. 20, Tel. 71212110; Musikverein, 1. Bez., Bösendorferstr. 12, Tel. 5058190-0; Volksoper, 9. Bez., Währinger Str. 78, Tel. 51444-0; Kammeroper, 1. Bez., Fleischmarkt 24, Tel. 5136072. **Leichte Muse:** Theater an der Wien, 6. Bez., Linke Wienzeile 6, Tel. 5870550; Raimundtheater, 6. Bez., Wallg. 18–20, Tel. 58885. **Kartenreservierung:** siehe Theater.

Kreditkarten und Geld

Die gängigen Kreditkarten werden in den meisten Lokalen, Hotels und Geschäften akzeptiert. Verlustmeldungen und Anfragen: Amex, 51511-0; Diners Club, 51035-135; Eurocard, 71701-0; Visa 71111-770 Geld wechseln kann man in Banken und Wechselstuben (siehe Öffnungszeiten). Wechselstuben am West- und Südbahnhof, am Hauptpostamt und am Flughafen sind länger und auch sa/so geöffnet. Notfalls helfen auch Geldwechselautomaten, u.a. am Stephansplatz, Schwedenplatz und in der Kärntner Straße.

Live-Musik, Diskos, Dancings

Diskotheken: B 72, 9. Bez., Stadtbahnbogen 72; Roxy, 4. Bez., Operngasse; Titanic, 6. Bez., Theobaldg. 11; U 4, 12. Bez., Schönbrunner Str. 222; P 1, 1. Bez., Rotg. 3; Atrium, 4. Bez., Schwindg. 1. **Leichte Musik und Tanz:** Tanzcafé Volksgarten, 1. Bez., Burgring/Volksgarten; Wiener Rathauskeller, 1. Bez., Rathausplatz 1, Wäschermädlball: Ein Tanzorchester spielt Strauss-Melodien, dazu Buffet mit ›Wiener Schmankerln‹ (Ende Mai–Ende Okt. fr ab 19.30 Uhr, jew. 1 Std. vor Beginn Einführung ins Walzertanzen, Infos bei Austrian Tourism Consultans ATC Tel. 2637117-0). **Live-Musik von Rock bis Soul:** Arena, 3. Bez., Baumg. 80; Blue Box, 7. Bez., Richterg. 8; Chelsea, 7. Bez., Lerchenfelder Gürtel 29–31/U-Bahn-Bögen; Flex, 9. Bez., Donaukanal-Promenade/Augartenbrücke; Rockhaus, 20. Bez., Adalbert-Stifter-Str. 73; Szene Wien, 11. Bez., Hauffg. 26. **Jazz:** Jazzland, 1. Bez., Franz-Josefs-Kai 29; Papa's Tapas, 4. Bez., Schwarzenbergplatz 10; Reigen, 14. Bez.,

Maskenball in den Redoutensälen der Hofburg: Zur Faschingszeit ist das Tanzbein auch auf Wiens aberhundert Bällen zu schwingen.

Hadikgasse 62. **Interessantes querbeet** bietet fast täglich das RadioKulturhaus des ORF, 4. Bez., Argentinierstr. 30a. **Infos und Reservierung:** Die detailliertesten Programminformationen finden sich in den Stadtzeitungen ›Falter‹ und ›City‹. Kartenreservierung für Pop- und Rockkonzerte beim Österreich Ticket Express, Tel. 1793.

Vergleichsweise wenig bekannt, aber nicht minder lohnend, ist die Gemäldesammlung in der Akademie der Bildenden Künste.

Museen

Wiens Museen sind meist mo, alle am 25. Dez. und 1. Mai geschlossen. Einmal pro Woche, meist do, bleiben sie abends länger offen. Besitzer der **Wien-Karte** (siehe auch Öffentliche Verkehrsmittel) genießen an vier aufeinanderfolgenden Tagen vielerorts ermäßigten Eintritt. Die Museen der Stadt Wien offerieren für ihr Stammhaus und die 10 Außenstellen, darunter die Musiker-Gedenkstätten, eine Sammelkarte, die den Eintrittspreis halbiert.

Notfälle

Feuerwehr: Tel. 122, Polizei: 133, Rettung: 144, Ärzte-Notdienst: 141, Ärztezentrale: 53116-0, Apotheken-Bereitschaftsdienst: 1550, Zahnärzte (nachts u. fei): 5122078, Vergiftungs-Zentrale: 4064343, Telefon-Seelsorge: 1770.

Öffentliche Verkehrsmittel

Wien hat Straßenbahn- und Buslinien, mehrere Schnellbahn- und fünf U-Bahn-Linien (U 1, 2, 3, 4, 6). In der Inneren Stadt fahren auf mehreren Linien Kleinbusse: ca. 5 Uhr bis kurz vor oder nach Mitternacht, in der übrigen Zeit zwischen Zentrum und Äußeren Bezirken 22 Nachtbuslinien.
Folgende **Fahrscheine** gibt es: Einzelfahrscheine (5 oder 10 Stück) zur Fahrt in

Touristik-Informationen

einer Richtung mit beliebig häufigem Umsteigen, jedoch ohne Unterbrechung, 24- und 72-Stunden bzw. Wochen-Netzkarte, 8-Tage-Streifenkarte mit jeweils freier Benutzung des ganzen Liniennetzes. Verkauf in Tabaktrafiken und an den Verkaufsstellen bzw. -automaten vieler U-Bahn-Stationen; Kinder bis 6 Jahre haben freie, solche bis 15 Jahre ermäßigte Fahrt. Einzelfahrscheine (leicht erhöht) mit Münzen auch in den Straßenbahnen und Bussen. Kurz-Besuchern empfiehlt sich die **Wien-Karte**. Sie gilt als 72-Stunden-Netzkarte und bietet viele Ermäßigungen und Vorteile (siehe Museen); erhältlich um 210 öS in den Info-Stellen des Tourismusverbands, in Hotels, an Verkaufsstellen der Verkehrsbetriebe. Generelle Infos: Tel. 7909-105.

Öffnungszeiten:

Banken: mo–mi u. fr 8–15, do 8–17.30, Filialen Mittagspause 12.30–13.30 Uhr. **Geschäfte:** mo–fr mindestens 9–18, sa 9–17 Uhr. Für Lebensmittel mindestens bis 18.30 Uhr. Bahnhofsläden länger. **Postämter:** mo–fr 8–12 u. 14–18, Bezirkspostämter mo–fr 7–19, sa 7–10, am Westbahnhof tgl. 6–23, am Südbahnhof 7–22, am Hauptpostamt Fleischmarkt tgl. 0–24 Uhr.

Parken und Autofahren

In den Bezirken 1 und 4–9 und anderswo in Kurzparkzonen, die beschildert und mit blauen Bodenstreifen markiert sind, darf man nur mit Parkscheinen parken, erhältlich bei den Fahrscheinverkaufsstellen der Verkehrsbetriebe, in Trafiken und manchen Bankfilialen; sie sind gut sichtbar hinter der Windschutzscheibe zu hinterlegen. Beschilderung beachten! Es gelten bezirksweise unterschiedliche Zeitgrenzen.
In Schienenstraßen herrscht von Mitte Dez. bis Ende März in der Nacht generelles Parkverbot. Verkehrsbehindernd geparkte Autos werden abgeschleppt, was hohe Kosten und mühsame Amtswege verursacht.
Die Verkehrsregeln sind mit den deutschen nahezu identisch. Es gelten Gurt- und für Motorradfahrer Helmpflicht und, in Wien, Hupverbot. Alkoholgrenze: 0,5 Promille; Tempolimits: 130 km/h auf Überland- und

Regional-, Schnell- und U-Bahn-Linien (Ausschnitt)

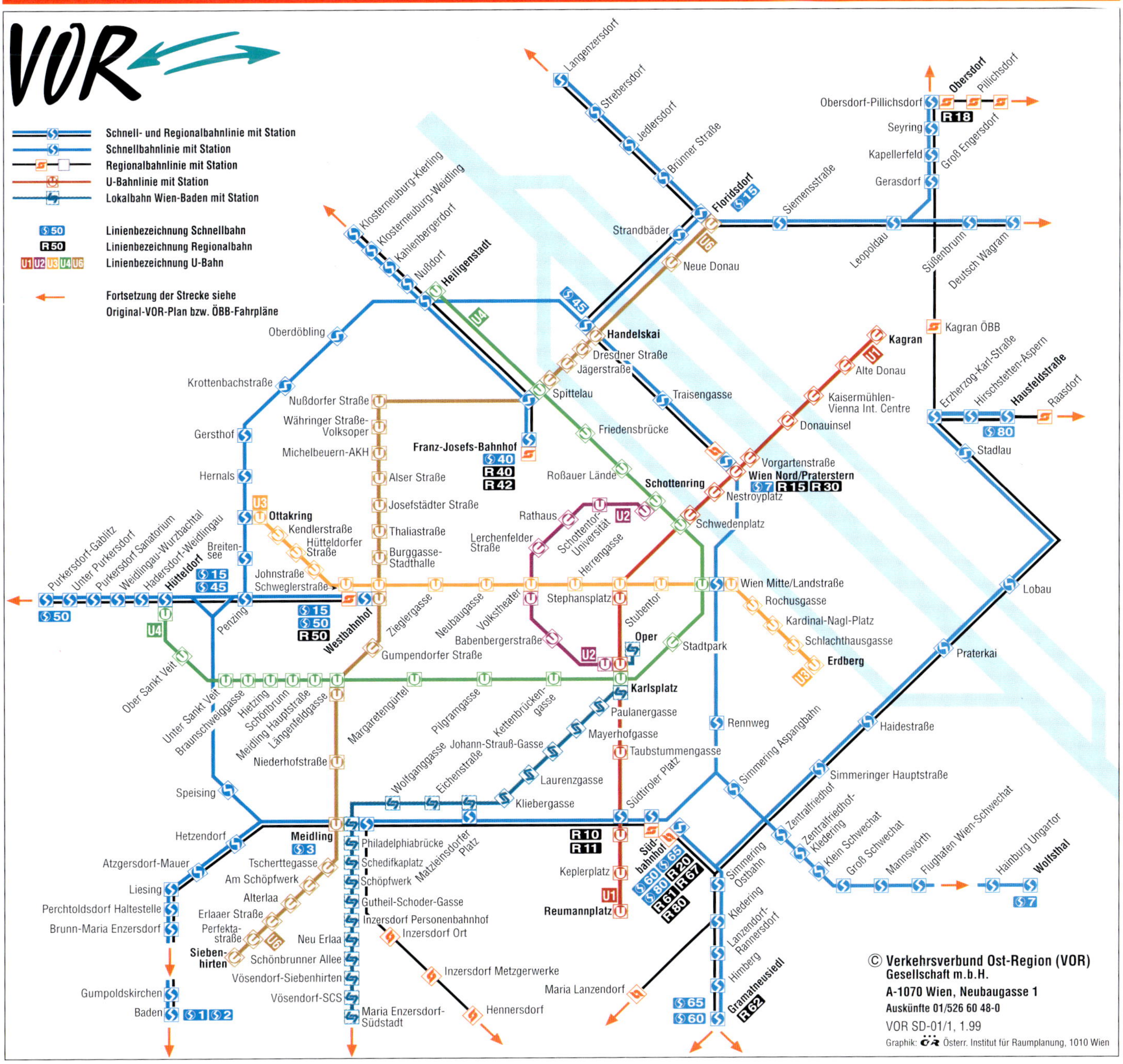

Touristik-Informationen

80 km/h auf innerstädtischen Autobahnen, 50 km/h auf den meisten sonstigen Straßen im Stadtgebiet.
Bei Autobahn-Anreise ist eine Jahresvignette unerlässlich, erhältlich in Deutschland beim ADAC. Pannendienste: ÖAMTC, Tel. 120, ARBÖ, Tel. 123.

Souvenirs

Sehr gefragt sind örtliche Traditionsprodukte wie Trachten, Loden, edle Stoffe, Augarten-Porzellan, Gläser, Emailschmuck, Petit-Point-Stickerei, Weine und auch Sachertorte.
Fundgrube von Sammler- und Liebhaberstücken ist das Auktionshaus Dorotheum. Touristen übrigens, die sich in eines der ausgestellten, zur Versteigerung vorgesehenen Objekte verliebt haben, am Auktionstag jedoch bereits wieder abgereist sind, können entweder einen ›Schriftlichen Kaufauftrag‹ erteilen. Der Auktionsleiter steigert dann in ihrem Namen bis zu einem vereinbarten Limit mit. Oder sie beauftragen einen Sensal, einen jener selbstständigen Experten, die im Dorotheum ihre Büros betreiben.
Wer im Dorotheum nicht fündig wird, der kann in etlichen Läden der Umgebung stöbern, im sogenannten Antiquitätenviertel. Wer hier mehr als eine Kleinigkeit kauft, sollte allerdings über ein gewisses budgetäres Polster verfügen.

Stadtrundfahrten und -gänge

Per Bus: Veranstalter sind u. a. Cityrama, Tel. 53413-0, Vienna Sightseeing Tours, Tel. 71246 83-0. Eine Alternative für Individualisten sind die Busse der Vienna Line Hop On Hop Off, die im Stundentakt entlang einer festen Route zwischen insgesamt 13 Sehenswürdigkeiten verkehren (tgl. 9 bis 19.30 Uhr); Zu- und Aussteigen nach Belieben, Infos in Hotels und Reisebüros.
Per Fahrrad: Geführte Touren u. a. von Pedal Power, Tel. 7297234, und Vienna Bike, Tel. 3191258. Wien hat ein recht dichtes Radwegenetz. Radverleih an allen Bahnhöfen sowie durch diverse Firmen; Broschüre in der Tourismus Information (siehe Adressen). Außerhalb der Stoßzeiten ist der Fahrrad-Transport in U- und S-Bahn gegen Kauf eines Halbpreis-Fahrscheins erlaubt.
Im Fiaker: In der warmen Jahreszeit von folgenden Standplätzen: Stephansplatz sowie Albertina- und Heldenplatz. Fahrpreis vor Fahrtantritt vereinbaren!
Zu Fuß: Vienna Guide Service vermittelt individuelle Fremdenführer, Tel. 4403094-0; angeboten werden auch interessante thematische Gruppenführungen, Infos: Per-Pedes, Tel. 5449668.
Per Schiff: Infos bei DDSG Blue Danube Schiffahrt, Tel. 58880-0.

Dank des gut ausgebauten Radwegenetzes eine empfehlenswerte Alternative: die Erkundung Wiens vom Fahrradsattel aus.

Taxi

Funktaxis: 31300, 40100, 60160, 81400, 91091. Grundgebühr (26 öS), Zuschläge für Funkbestellung, Nachtfahrten, Gepäck.

Telefon

Für öffentliche Fernsprecher verwendbar: Münzen zu 1-, 5- und 10-Schilling oder Wertkarten, erhältlich in Postämtern und Tabaktrafiken. Vorwahl vom Ausland nach Wien: 0043 + 1 + Teilnehmernummer. Vorwahl von Wien nach Deutschland: 0049. Fernsprech-Auskunft: Inland Tel. 11811; Deutschland 11812; andere europäische Länder 11813.

Theater

Klassisch: Burgtheater, 1. Bez. Dr.-Karl-Lueger-Ring 2, Tel. 51444-0.
Boulevard: Etablissement Ronacher, Musical, Zirkus, Kabarett u.a.m., 1. Bez., Seilerstätte 9, Tel. 58885.
Unkonventionell bis avantgardistisch: Schauspielhaus, 9. Bez., Porzellang. 19, Tel. 3170616; Wuk, 9. Bez., Währinger Str. 59, Tel. 40121-0; Volkstheater, 7. Bez., Neustiftg. 1, Tel. 5247263; Odeon-Serapionstheater, 2. Bez., Taborstr. 10, Tel. 2145562-0.
Kleinkunst auf hohem Niveau: Kulisse, 16. Bez., Rosensteing. 39, Tel. 4853870; Vindobona, 20. Bez., Wallensteinplatz 6, Tel. 3324231; Metropol, 17. Bez., Hernalser Hauptstr. 55, Tel. 4077740-7.
Kabaretts: Simpl, 1. Bez., Wollzeile 36, Tel. 5124742-0; Niedermair, 8. Bez., Lenaug. 1a, Tel. 4084492.

Kartenreservierung: Staats- u. Volksoper, Akademie- u. Burgtheater beim Bundestheaterverband, A-1010 Wien, Hanuschgasse 3, Tel. 51444-0 od. DW 2959 (aus Deutschland schriftl. mind. 3 Wochen im voraus). In Wien für Theater, Musicals und Festwochen beim Vienna Ticket Service, Tel. 53417-0. Viele Theater- und Konzertkarten auch bei Wien-Ticket, Tel. 58885.

Trinkgelder

Bei Restaurant- und Taxi-Rechnungen sind 5 bis 10 Prozent Aufrundungen üblich, für Zeitungsverkäufer, Tankwarte, Kofferträger, Garderoben- und Toilettenfrauen etc. sind 5 bis 20 öS ›Schmattes‹ die Norm.

Veranstaltungen

Jan./Febr.: Neujahrskonzert/Musikverein (1. Jan.); Fasching mit über 300 Bällen; Resonanzen, Festival für Alte Musik (2. Jan.-Hälfte); Eistraum, Eislaufen zu heißer Musik/Rathausplatz (Ende Jan.–Anf. März).
April: OsterKlang, Festival der Wiener Philharmoniker.
Mai/Juni: Frühlingsmarathon; Wiener Festwochen mit int. Bühnenkunst von der Antike bis zur Avantgarde und dem Musikfest; Summerstage, Esslokale, am Ufer des Donaukanals (bis Sept.); Regenbogenparade (Juni); Donauinselfest (Ende Juni).
Juli/Aug.: Jazz-Fest; Int. Tanzwochen; Musikfilmfestival am Rathausplatz; Klangbogen Wien; Mozart-Opern in Schönbrunn.
Sept.: Hallamasch, Festival der Kulturen.
Okt.: Filmfestival Viennale.
Nov./Dez.: Weihnachts- und Christkindlmärkte an diversen Orten (Adventzeit); Mozartfest im Konzerthaus (Dez.); Silvesterpfad in der Innenstadt (31. Dez.).

Wetterdaten

Wien	Tages-temp. max.	Nacht-temp. min.	Tage mit Nieder-schlag	Sonnen-stunden pro Tag
Januar	2°	−3°	8	2
Februar	4°	−1°	8	3
März	9°	1°	8	4
April	15°	6°	8	6
Mai	20°	11°	9	7
Juni	23°	14°	9	7
Juli	25°	16°	9	8
August	24°	15°	8	7
September	21°	12°	7	6
Oktober	14°	7°	6	4
November	8°	4°	8	2
Dezember	4°	0°	8	2

Durchschnittswerte — Quelle: Deutscher Wetterdienst, Hamburg

Register

Fettgedruckte Ziffern verweisen auf Autoatlas und Stadtplan, unterstrichene Ziffern auf Abbildungen)

Wien

Umgebung

Zeichenerklärung Karten

Autoatlas

- Autobahn mit Anschlußstelle
- Autobahn in Bau - geplant
- Tankstelle - Rasthaus, - mit Motel
- Vier- o. mehrspurige Straße - in Bau
- National- oder Staatsstraße - in Bau
- Wichtige Hauptstraße - in Bau
- Hauptstraße - Nebenstraße
- Fahrweg (nur bedingt fahrbar) - Fußweg
- Autobahn-, Europastraßennummer
- Straßennummerierung
- Für Wohnwagen nicht empfehlenswert - verboten
- Steigung - Paßstraße mit Wintersperre (von-bis)
- Gebührenpflichtige Straße - Für Kfz gesperrt
- Kilometrierung an Autobahnen
- Kilometrierung an übrigen Straßen
- Eisenbahn mit Bahnhof und Haltepunkt
- Eisenbahn (nur Güterverkehr) - Industriebahn
- Seilbahn - Sessellift - Skilift
- Flughafen - Flugplatz - Segelflugplatz
- Besonders sehenswerter Ort
- Sehenswerter Ort
- Besonders sehenswertes Bauwerk
- Sehenswertes Bauwerk
- Besondere Natursehenswürdigkeit
- Wo-gibt-es-was ? - Hinweis
- Landschaftlich schöne Strecke
- Touristenstraße
- Naturpark - Naturschutzgebiet - Aussichtspunkt
- Zoolog. -, Botan. Garten - Wildgehege
- Burg, Schloß - Kloster - Ruinen
- Sehenswerte Kirche - Kirche - Kapelle - Denkmal
- Aussichtsturm - Wasserturm - Funk- o. Fernseht.
- Alleinstehend. Hotel o. Gasthaus - Motel
- Berghütte - Einzelhof - Jugendherberge
- Campingplatz. ganzjährig -, nur im Sommer
- Strandbad - Schwimmbad - Heilbad
- Staatsgrenze mit Grenzübergang
- Ländergrenze
- Wald - Weinbaugebiet
- Sperrgebiet

Stadtplan

- Autobahn
- Bundesstraße
- Fahrweg (ausgebauter Weg)
- Feld- und Waldweg (nicht ausgebaut)
- Eisenbahn mit Bahnhof u. Brücke
- Straßenbahn m. Nummer, Haltestelle u. Endhaltest.
- U-Bahn: unterirdisch, oberirdisch
- Fußgängerzone
- Kirche - Krankenh. - Parkp. - Parkh. - Tiefg.
- Feuerwehr - Polizei - Schule -
- Campingplatz - Jugendherberge
- Post - Hallenbad - Turm
- Öffentliches Gebäude - Bebauung
- Christlicher Friedhof
- Wo-gibt-es-was ? - Hinweis

Impressum

1. Auflage 2000

Verlag: HB Verlags- und Vertriebs-Gesellschaft mbH, Alsterufer 4, 20354 Hamburg, Postfach 300660, 20347 Hamburg, Telefon 040/4151-04, Telefax 040/4151-1852, www.hb-verlag.de

Geschäftsführer: Kurt Bortz, Dr. Joachim Dreyer, Dr. Brigitte Nimnate © HB Verlags- und Vertriebs-Gesellschaft mbH, 2000, für den gesamten Inhalt, soweit nicht anders angegeben

Redaktion und Produktion: Harksheider Verlagsgesellschaft mbH, Fabersweg 1, 22848 Norderstedt, Telefon 040/528862-0, Telefax 040/5234056, eMail HVGmbh@aol.com

Redaktion: Ulrike Klugmann (verantwortlich), Dr. Johannes Bohmann, Helga Schnehagen, Christoph Schumann **Redakteurin dieser Ausgabe:** Helga Schnehagen **Text und Bildrecherche:** Walter M. Weiss, Wien

Exklusiv-Fotografie: Axel Krause, Köln **Zusätzliches Bildmaterial:** © S. 42/43 unten Wiener Festwochen/Wartha, S. 50 unten links u. 50/51 unten Österreich Werbung/Trumler, S. 83 unten rechts Wiener Sängerknaben/Lukas Beck. Die Abbildung S. 66/67 unten erfolgte mit freundlicher Genehmigung der Österreichischen Galerie Belvedere **Layout:** Rolf Bünermann, Gütersloh **Karten:** © Mairs Geographischer Verlag; Stadtpläne © Haupka, Bad Soden

HB-Bildatlas Fotoservice: Harksheider Verlagsgesellschaft mbH, Fabersweg 1, 22848 Norderstedt, Telefon 040/528862-22, Telefax 040/5234056

Anzeigenalleinverkauf: KV Kommunalverlag GmbH, Postfach 810565, 81905 München, Telefon 089/928096-24, Telefax 089/928096-20

Vertrieb Zeitschriftenhandel: Partner Pressevertrieb GmbH, Postfach 810420, 70521 Stuttgart, Telefon 0711/7252-227, Telefax 0711/7252-310

Vertrieb Abonnement und Einzelhefte: Zenit Pressevertrieb GmbH, Postfach 810640, 70523 Stuttgart, Telefon 0711/7252-198, Telefax 0711/7252-333

Vertrieb Buchhandel: Mairs Geographischer Verlag, Marco-Polo-Zentrum, 73760 Ostfildern, Telefon 0711/4502-0, Telefax 0711/4502-340

Reproduktionen: Otterbach Repro GmbH & Co., Rastatt **Druck und buchbinderische Verarbeitung:** Echter Würzburg. Printed in Germany

ISBN 3-616-06107-5

Südtirol

Wo die Alpen nach Süden blicken

Foto: Herausgeputzt: Festtag in St. Ulrich im Grödner Tal

Schon Italien, aber irgendwie noch deutsch. Weinseligkeit, Wander- und Wintersport, Seite an Seite. Brettl-Jause und rotweißes Karo, daneben in Neon-Outfits die Snowboarder, Freeclimber, Paraglider. Südtirol erlaubt und verträgt beides spielend: Das Land ist so behaglich wie atemraubend, so theatralisch wie bürgerlich. Südtirol, das heißt: Morgens über Almen wandern, einen Herrgottswinkel bestaunen, über ein Dorfkirchenfresko grübeln. Abends aber Kleid und Tand an Merans Kurpromenade spazieren führen und über Knödel und Kretzerweine fachsimpeln. Oder in Bozens Lauben über Pasta und Trüffeln schwelgen.

Diese schon seit jeher unwiderstehliche Melange aus Nord und Süd am Südbalkon der Alpen serviert der HB-Bildatlas Nr. 207 in neuer Zusammenstellung. Sieben Kapitel weit fährt er die Täler zwischen Glurns und Toblach, vom Brenner bis zur Salurner Klause hinauf, Luis Trenkers Dolomitengipfel so fest im Blick behaltend wie den Elefanten im Brixener Domkreuzgang oder die Sarntaler Federkielsticker. Bilder, wie immer exklusiv fotografiert, und Texte bieten viel Überraschendes – und Klischees, wie es sie nun einmal zuhauf gibt in dieser Urheimat deutscher Urlaubsvorstellungen. Doch was ist schlimm daran, wenn sie ehrlich sind und zutreffen?

Jeder Reiseführer zu Südtirol führt hoch hinaus: Gut 85 Prozent des Landes liegen über 1000 Meter über dem Meeresspiegel. Eine Herausforderung also – und eine Einladung: zu Genüssen für Leib und Seele auf hohem Niveau.

Lieferbare Ausgaben

DEUTSCHLAND

93 Allgäu
198 Altmühltal
108 Bayerisch Schwaben
204 Bayerischer Wald
107 Berlin
185 Bodensee
111 Brandenburg
178 Chiemgau · Berchtesgadener Land
145 Dresden · Sächsische Schweiz
116 Düsseldorf
121 Eifel · Aachen
133 Elbe und Weser · Nordseeküste
77 Emsland · Grafschaft Bentheim
171 Erzgebirge · Vogtland · Chemnitz
190 Fichtelgebirge · Frankenwald · Coburger Land
65 Frankfurt
125 Fränkische Schweiz
131 Hamburg
131 Hamburg, English Edition
73 Hannover · Braunschweiger Land
129 Harz
188 Hessisches Bergland
90 Hunsrück · Naheland · Rheinhessen
103 Köln
137 Mainfranken · Steigerwald · Haßberge
99 Mecklenburg-Vorpommern
151 Mittelfranken
135 Mosel
165 München
119 Münsterland · Münster
153 Nördlicher Schwarzwald
159 Nordseeküste Schleswig-Holstein
196 Oberbayern zwischen Lech und Inn
95 Oberpfalz · Regensburg
143 Odenwald · Kraichgau · Bergstraße
51 Osnabrücker und Tecklenburger Land
155 Ostbayern zwischen Donau und Inn
168 Ostseeküste Mecklenburg-Vorpommern
157 Ostseeküste Schleswig-Holstein
112 Pfalz
194 Potsdam · Havelland
149 Rhein und Ruhr
127 Rhön
161 Saarland
78 Sachsen
114 Sachsen-Anhalt
110 Sauerland
200 Schwäbische Alb
179 Seen in Mecklenburg und Lauenburg
147 Spessart
139 Südschwarzwald
182 Tauber und Neckar · Stuttgart · Heilbronn · Rothenburg
173 Teutoburger Wald · Ostwestfalen
94 Thüringen
141 Thüringer Wald
202 Trier
163 Weimar · Erfurt · Nördliches Thüringen
123 Weserbergland
98 Westerwald · Taunus · Rheingau

BENELUX

187 Flandern · Brüssel
146 Holland – Inseln · Küste · Amsterdam
62 Luxemburg

FRANKREICH

160 Atlantikküste
122 Bretagne
67 Côte d'Azur · Monaco
113 Elsaß
91 Paris
85 Korsika
102 Loire
132 Normandie
192 Provence
184 Südfrankreich · Languedoc-Roussillon

GRIECHENLAND · ZYPERN

193 Athen · Peloponnes
140 Griechische Inseln · Kykladen
189 Korfu · Ionische Inseln
81 Kreta
104 Rhodos · Dodekanes
166 Zypern

GROSSBRITANNIEN · IRLAND

158 Irland
197 Kanalinseln
175 London
144 Schottland
124 Südengland

ITALIEN · MALTA

195 Adriaküste · Emilia Romagna
126 Gardasee · Trentino
156 Golf von Neapel · Kampanien
128 Malta
142 Oberitalienische Seen · Lombardei · Mailand
74 Riviera · Genua
105 Rom
136 Sardinien
92 Sizilien
201 Süditalien · Apulien · Basilikata
167 Toskana · Florenz
181 Venedig · Venetien · Friaul · Triest

MITTEL- UND OSTEUROPA

164 Böhmen
138 Budapest
148 Danzig · Ostsee · Masuren
120 Prag
152 St. Petersburg

ÖSTERREICH

162 Burgenland
170 Kärnten
199 Niederösterreich · Wachau
100 Salzburger Land · Salzburg
66 Steiermark · Graz
174 Tirol
47 Vorarlberg
206 Wien

SCHWEIZ

154 Basel · Bern · Aargau · Solothurn
115 Graubünden
172 Tessin
191 Westschweiz · Genfer See · Wallis
72 Zentral- und Ostschweiz

SPANIEN · PORTUGAL

130 Algarve · Lissabon
150 Costa Blanca · Valencia · Alicante
109 Costa Brava · Katalonien
83 Costa del Sol · Andalusien
176 Gran Canaria · Fuerteventura · Lanzarote
134 Madrid
117 Mallorca · Menorca · Ibiza · Formentera
203 Nordportugal
205 Nordspanien
177 Teneriffa · La Palma · Gomera · Hierro

SKANDINAVIEN

183 Bornholm
68 Dänische Inseln
186 Jütland
180 Nordnorwegen
169 Südfinnland · Helsinki
106 Südnorwegen
118 Südschweden · Stockholm

In Vorbereitung

207 Südtirol
208 Rügen · Usedom · Hiddensee
209 Lüneburger Heide

Überall im Buchhandel / Bahnhofsbuchhandel erhältlich oder zu bestellen unter Telefon 0711/7252-198, Fax 0711/7252-333